Gerhard Philipp Wolf

"Denn Gott der Herr ist Sonne und Schild" (Ps. 84, 12)

Gerhard Philipp Wolf

"Denn Gott der Herr ist Sonne und Schild" (Ps. 84, 12)

Predigten auf fränkischen Kanzeln

Fromm Verlag

Impressum / Imprint
Bibliografische Information der Deutschen Nationalbibliothek: Die Deutsche Nationalbibliothek verzeichnet diese Publikation in der Deutschen Nationalbibliografie; detaillierte bibliografische Daten sind im Internet über http://dnb.d-nb.de abrufbar.

Bibliographic information published by the Deutsche Nationalbibliothek: The Deutsche Nationalbibliothek lists this publication in the Deutsche Nationalbibliografie; detailed bibliographic data are available in the Internet at http://dnb.d-nb.de.

Coverbild / Cover image: www.ingimage.com

Verlag / Publisher:
Fromm Verlag
ist ein Imprint der / is a trademark of
AV Akademikerverlag GmbH & Co. KG
Heinrich-Böcking-Str. 6-8, 66121 Saarbrücken, Deutschland / Germany
Email: info@frommverlag.de

Herstellung: siehe letzte Seite /
Printed at: see last page
ISBN: 978-3-8416-0348-7

Vorwort

Geboren am 11. Mai 1943 in Erlangen, verbrachte ich meine Jugendzeit in dem damals noch bäuerlich geprägten Dorf Uttenreuth, einem Vorort der Universitätsstadt. Von 1954 bis 1963 war ich Schüler an der Ohm-Oberrealschule in der Hugenottenstadt. Im WS 1963/64 nahm ich an der Erlanger Universität das Studium der klassischen Philologie und der Romanistik auf – mit dem Ziel, Gymnasiallehrer zu werden.

Mein endgültiger Entschluss, evangelische Theologie zu studieren, hängt mit den beeindruckenden Vorlesungen von Prof. D. Paul Althaus (1888-1966) über Martin Luthers Theologie sowie dessen Ethik zusammen, die er in den letzten Lebensjahren als Emeritus gehalten hat. So verabschiedete ich mich recht schnell vom Studium des klassischen Latein und studierte ab dem SS 1964 ev. Theologie, Französisch und Geschichte. Mein besonderes Interesse an der Kirchengeschichte wurde vor allem durch Prof. D. Wilhelm Maurer (1900-1982) geweckt, der jährlich Studenten zu den an verschiedenen Orten Frankens abgehaltenen Jahreshauptversammlungen des „Vereins für bayerische Kirchengeschichte" einlud und auch dorthin begleitete, und durch die lebendigen, mit Anekdoten gespickten Vorlesungen von Prof. D. Walther von Loewenich (1903-1992) – meinem späteren Doktorvater.

Nach achtsemestrigem Studium der Theologie unterzog ich mich im Herbst 1967 dem Ersten Theologischen Examen bei der bayerischen Landeskirche und wurde in die „Kandidatenliste für das geistliche Amt" aufgenommen. Mein unmittelbar danach fortgeführtes Zweitstudium (Französisch/Geschichte) schloss ich nach einem Studienjahr in Straßburg und Paris im Herbst 1970 mit dem Ersten Staatsexamen für das gymnasiale Lehramt in Bayern ab. In dieser Zeit haben mich menschlich – vor allem wegen ihrer Demut – der Romanist Prof. Dr. Heinrich Kuen (1899-1989), der Mediävist Prof. Dr. Arno Borst (1925-2007) und der Pariser Kirchenhistoriker Prof. Dr. Richard Stauffer (1921-1984) an der Ecole pratique des Hautes Etudes/Sorbonne beeindruckt und geprägt.

Im Februar 1969 wurde ich Assistent am Lehrstuhl für Allgemeine Kirchengeschichte und wurde von Prof. v. Loewenich für das Promotionsthema „Das neuere französische Lutherbild" begeistert, mit dem ich 1972 promoviert worden bin.

Nach einem weiteren Semester (SS 1973) als Assistent bei meinem späteren väterlichen Freund Prof. Dr. Gottfried Maron (1928-2010) an der Kirchlichen Hochschule in Berlin begann ich im Herbst 1973 meine aktive Laufbahn als Gymnasiallehrer mit der Referendarzeit in München (1973-1975) und stellte mich 1974 dem Zweiten Theologischen Examen bei der bayerischen Landeskirche.

Ab dem Schuljahr 1976/77 wurde ich Lehrer für Französisch, ev. Religionslehre und Geschichte am oberfränkischen Gymnasium in Pegnitz, wo ich bis Juli 2004 (seit 1993 als Studiendirektor) tätig war

Mit der Fortsetzung meines Zweitstudiums wurde ich gegen meine Absicht wieder von der „Kandidatenliste“ gestrichen, auch dienstrechtlich ließ sich zunächst die Ordination zum geistlichen Amt nicht vertreten, sie wurde mir schließlich im Oktober 1994 von der bayerischen Landeskirche gewährt.

Nach der Pensionierung habe ich in den Jahren 2006 bis 2009 einen Lehrauftrag für Kirchengeschichte an der Universität Bayreuth wahrgenommen. Von 1992 bis 2011 habe ich zudem als verantwortlicher Redakteur die Rezensionen in der „Zeitschrift für bayerische Kirchengeschichte“ betreut, mich in einem Zeitraum von über 30 Jahren an verschiedenen kirchengeschichtlichen Themen zu Franken und Frankreich mit Aufsätzen und Beiträgen versucht und als Dolmetscher wie Übersetzer sprachliche Vermittlungsdienste übernommen (u.a. bei der 13-bändigen, im Herder-Verlag erschienenen „Geschichte des Christentums“), bei Predigtvertretungen im reizvollen Elsass auch als Hilfsdolmetscher der göttlichen Botschaft.

Zur vorliegenden Predigtsammlung. Predigten wollen primär gehört werden, sie sind zentraler Bestandteil des evangelischen Gottesdienstes. Ohne nun die schon oft diskutierte Problematik gedruckter Predigten zu thematisieren, konzentriere ich mich lediglich darauf, welche Motive mich zum Predigen überhaupt und bei der Herausgabe dieser Predigtsammlung geleitet haben.

Zunächst: schon seit meiner Referendarzeit (1973-1975) hat mich die Auseinandersetzung mit biblischen Texten begeistert, genauer danach zu fragen: Was will dieser Text uns heute vermitteln? Was will Gott der hörenden Gemeinde und dem nach tragenden Lebenssinn suchenden Christen sagen?

Der Prediger ist damit immer gefordert, das Terrain des Lamentierens und der düsteren Bestätigung der unheilvollen Zustände in der Welt zu verlassen. Leitfrage für mich persönlich ist und bleibt das Ringen um positive Übersetzung der göttlichen Botschaft ins Heute. Dies herauszufinden, ist nicht immer einfach, auch gelingt es nicht immer! Wo liegt die Ermutigung für den Alltag, wo der Trost in dunklen Zeiten und Stunden? Immer geboten ist dabei die Rückversicherung am biblischen Text in den Ursprachen.

Neben diesem grundsätzlichen Bemühen – eben der existenziellen Auseinandersetzung mit dem biblischen Text - tauchen ganz schlichte Motive für meinen Predigtdienst neben der Schule auf.. Ich bin gern am Sonntag Morgen, meistens sehr früh, über die Höhen und durch die Täler der östlichen Fränkischen Schweiz wie der Hersbrucker Schweiz gefahren und freute mich jedes Mal auf den Gottesdienst in einer Reihe von schönen Gotteshäusern mit ihren erstaunlichen kunstgeschichtlichen Kleinodien: vom überdimensionalen Marienaltar in Velden bis zu den strahlenden Engelsgesichtern an den Emporen der Jakobuskirche in Creußen oder anderswo. Dementsprechend lernte ich viele evangelische Kirchen in Verbindung mit einer Gottesdienstvertretung kennen. (Falls nicht extra vermerkt, gehören die Gotteshäuser mit ihren Pfarrgemeinden zum Dekanat Pegnitz.)

Und die Predigten selbst? Auch hier war ein einfacher Wunsch bestimmend. Die Wirkung einer Predigt auf die Hörer bleibt dem Prediger entzogen. Ich habe deshalb tunlichst vermieden, danach zu fragen, um meine fränkischen Landsleute nicht zu einer geschminkten oder gar unehrlichen Äußerung zu verleiten. Aber eine Hoffnung kann man dem Prediger nicht nehmen: Vielleicht ist ein Gedanke in der Predigt entfaltet, der im Denken und in der Seele des Hörers nachklingt, ihm Mut zum Weiterleben gibt oder ihm Trost für den Alltag bereitet? Möge dies auch für die vorliegende Predigtsammlung gelten!

Pegnitz/Buchau

25. Juni 2012 Gerhard Philipp Wolf

Inhalt

Offb. 5, 1-5

1. Adventssonntag, 5. Dezember 2004

Marienkirche /Velden (Dekanat Hersbruck) ..... S. 7

Jes. 63, 15-16

2. Adventssonntag, 11. Dezember 2005

Maria Magdalena/Schnabelwaid ..... S. 13

Jak. 4, 13-15

2. Sonntag nach dem Christfest, 4. Januar 2009

St. Bartholomäus/Pegnitz ..... S. 19

Joh. 19, 16-30

Passionsandacht, 6. April 2001

St. Matthäus/Hiltpoltstein (Dekanat Gräfenberg) ..... S. 26

1. Kor. 15, 50-57

Invokavit, 7. März 2007

Vorra (Dekanat Hersbruck) ..... S. 30

2. Mose 15, 26

Okuli, 14. März 2004

Krankenhauskapelle Pegnitz ..... S. 36

Mt. 12, 34-35/Jak. 3, 5-8

11. Sonntag nach Trinitatis, 18.August 2002

St. Matthias und Anna/Buchau ..... S. 41

Mt. 25, 31-46

Vorletzter Sonntag des Kirchenjahres, 16. November 2003

St. Susannae/Plech ..... S. 47

Micha 6, 6-8

22. Sonntag nach Trinitatis (Reformationstag), 30. Oktober 1983

St. Veit/Ottensoos (Dekanat Hersbruck) ..... S. 53

2. Kor. 5, 10

Letzter Sonntag des Kirchenjahres, 23. November 2008

St. Bartholomäus/Pegnitz ..... S. 59

♣♣♣

<u>Schulgottesdienste</u>

Pred. Salom. 1, 18

Schulanfangsgottesdienst des Gymnasiums, 14. September 2000

St. Bartholomäus/Pegnitz..S. 64

Mt. 25, 14-28

Schulschlussgottesdienst des Gymnasiums, 21. Juli 2003

Herz-Jesu/Pegnitz..S. 69

1. Sam. 2, 6

Gottesdienst zur Verabschiedung der Abiturienten, 28. Juni 2002

(kath.) Marienkirche/Pegnitz..S. 77

♣♣♣

1. Kor. 13, 1

Glocken – Der Ruf Gottes (Eine kurze Betrachtung)..S. 83

♣♣♣

<u>Kasualpredigten</u>

Kol. 3, 12-15

Trauung von Martina und Michael, 19. Juli 1997

St. Jakobus/Creußen..S. 85

Ps. 16, 11

Beerdigungsansprache für Georg Zwickl/Riemerling, 22. Juni 2005

Friedhofkapelle Hohenbrunn bei München..S. 91

♣♣♣

3. Mose 19, 33-34

Im Anschluss an einen Italienaufenthalt/Mai 2012 - Nachgedanken..................................S. 94

Offb. 5, 1-5

1. Adventssonntag, 5. Dezember 2004

Marienkirche/Velden (Dekanat Hersbruck)

Begrüßung und Confiteor

„Welch Dunkel uns auch hält/ sein Licht hat uns getroffen/ hoch über aller Welt/ steht nun der Himmel offen. Gelobt sei Jesus Christ."

Gott schickt sich an, immer wieder neu den Himmel für uns zu öffnen, dass unser Leben neu beginnen kann. Türen sollen sich öffnen bei uns, zu allererst für Gott, dann für unsere Mitmenschen, für Fremde, Verzagte und Leidende.

Zugleich bekennen wir vor dem dreieinigen Gott, dass wir viel zu oft verschlossen bleiben – in der Dunkelheit unseres Egoismus, unserer Selbstliebe und Lieblosigkeit. Wir sehen nur den äußeren Lichterglanz in dieser Zeit und versäumen es, die Schatten in unseren Herzen und Gedanken zu verscheuchen.

Darum nehmen wir Zuflucht zu der grundlosen Barmherzigkeit Gottes, unseres himmlischen Vaters, begehren Gnade um Christi willen und sprechen: Gott sei mir Sünder gnädig...

Predigttext

Und ich sah in der rechten Hand dessen, der auf dem Stuhl saß, ein Buch, innen und außen beschrieben, versiegelt mit sieben Siegeln.

Und ich sah einen starken Engel, der rief aus mit großer Stimme: Wer ist würdig, das Buch aufzutun Und ich sah in der rechten Hand dessen, der auf dem Stuhl saß, ein Buch, und seine Siegel zu brechen?

Und niemand im Himmel noch auf Erden noch unter der Erde konnte das Buch öffnen und hineinsehen.

Und ich weinte sehr, dass niemand würdig befunden war, das Buch aufzutun, hineinzusehen oder gar darin zu lesen.

Und einer von den Ältesten spricht zu mir: Weine nicht! Siehe, es hat überwunden der Löwe, der vom Geschlechte Juda ist, die Wurzel Davids, der das Buch auftun und seine sieben Siegel erbrechen kann.

Liebe Gemeinde!

Als die russische Schriftstellerin Raissa Orlowa-Kopelew vor gut 20 Jahren aus Russland in den Westen zog, hatte sie mit ihrem Mann eine ganze Reihe lästiger Behördengänge zu überstehen. Viele Türen waren zu öffnen, vor denen sie schüchtern oder eingeschüchtert anklopften. Gar manche Tür blieb ihnen verschlossen. Mit Verwunderung und Enttäuschung lernten sie sehr schnell ein Merkmal unserer westeuropäischen Zivilisation kennen: Türen spielen hierzulande eine große Rolle. Je bedeutender ein Mensch in dieser Gesellschaft, umso mehr Türen und Vorzimmer sind zu durchschreiten.

Bezeichnend für diese ersten Eindrücke war folglich auch der Titel, den Raissa Orlowa-Kopelew ihrem Buch gab: „Die Türen öffnen sich nur langsam!" Dahinter sitzen offensichtlich Menschen, die sich nur zögernd Fremden oder sozial Schwächeren öffnen – oder eben verschlossen bleiben.

Wer in diesem Jahr unter uns vor verschlossenen Türen stand oder- was noch schlimmer ist – erleben musste, dass Türen zugeworfen worden sind, der wird kaum den Mund zum Mitsingen öffnen können: „Macht hoch die Tür, die Tor macht weit!"

Eigenartigerweise spricht auch unser Bibeltext von einer siebenfach verriegelten Tür, hinter der ein streng gehütetes Geheimnis verborgen bleibt – ein Buch, eine Pergamentrolle, damals mit sieben Siegeln versiegelt. Es gibt offensichtlich keinen Schlüssel, so wie man einem Schüler einen Lösungsschlüssel für eine Mathematikaufgabe an die Hand geben kann. Ahnungslos, weil ohne Ahnung, stehen wir davor. Was wir nicht kennen, macht eigentlich Angst oder vermittelt eine unbehagliche Ahnung von Angst.

Advent hat etwas damit zu tun, dass wir Türen öffnen. Die Herzenstür zuallererst. Mancher hat diese Tür verschlossen, ist, wie uns die deutsche Sprache anbietet, verschlossen. Er kann sich dem andern nicht öffnen. Das kann viele Gründe haben, beispielsweise die bittere Erfahrung, dass eine zu große Offenheit und Achtsamkeit von anderen schamlos missbraucht wird. Offenheit ist immer ein Risiko. Man kann und sollte sie nicht überall einsetzen. Wer sich öffnet, ist angreifbar. Wer dies einmal schmerzlich erlebt hat, wird sich in Zukunft schnell verschließen, wie eine Schnecke, die sich bei Gefahr in ihr Haus zurückzieht.

Wenn es in der Bibel heißt, dass Gott in das Verborgene sieht, dann ist auch dies nicht immer angenehm. Wir stehen Gott schutzlos gegenüber. Adam und Eva in der Paradieserzählung haben sich vor Gott versteckt, weil sie sein Verbot nicht beachteten. Gott aber hat ihnen die Deckung weggenommen, hinter der sie sich verschanzen wollten. „Nähme ich Flügel der Morgenröte“, so heißt es im 139. Psalm, „und flöge zum äußersten Meer, so würde mich auch dort deine Hand halten“. Diese erbarmungslose Offenheit ist nur zu ertragen, weil Gott barmherzig ist.

„Ich will es dir ganz offen sagen“. Sie kennen diese Floskel. Selten stimmt sie. Man erlebt es immer wieder, wie Menschen über andere urteilen. Vernichtende und zerstörende Urteile im Namen einer selbstgezimmerten Moral, von der wir wirklich nicht wissen, ob sie Gott überhaupt gutheißen wird. Kaum vorstellbar, dass Gott so gesetzlich und rigoros ist, wie manche Menschen behaupten. Ich bin sicher, dass Jesus nicht irrte, als er ganz anders von Gott sprach.

Wenn beispielsweise die Zehn Gebote von Gott nur dazu gegeben wurden, um dem Menschen etwas zu verbieten, dann kann ich Gott fürchten, aber lieben könnte ich ihn nicht. Wenn dagegen die göttlichen Gebote Hilfen zum Leben sind, göttliche Anregungen, damit das Leben besser gelingt, dann weiß ich etwas von Gottes Absicht, dass ich Verantwortung für mich und meine Mitmenschen übernehmen kann und Fehler machen darf – wem außer Gott steht es zu, sie zu beurteilen!

Wer hat den richtigen Schlüssel zum Advent? Unser Bibeltext sagt es noch verschlüsselt: „Weine nicht! Siehe, es hat überwunden der Löwe, der aus dem

Geschlecht Juda ist... der das Buch auftun und seine sieben Siegel erbrechen kann". Gott selbst hat den Schlüssel in der Hand. Der Löwe wird zum Opferlamm in Gestalt des gekreuzigten Christus. Seinen Sohn schickt Gott zu uns Menschen, nicht zu einer Demonstration der Stärke oder Macht, wie vielfach unter uns Menschen dies passiert, sondern dieser Jesus kommt als ein hilfloses Kind in unsere friedlose Welt, als Mittler zu Gott. Er will den Frieden bringen, damit der Unfriede unter uns Menschen, zwischen Mensch und Tier, nicht noch tiefer wird.

Dieses Bekenntnis Gottes zu uns Menschen, seine Zusage, dass er uns im Dunkel nicht allein lassen will, ist der wichtigste Hoffnungsschimmer für unser aller Leben.

In der Adventszeit wird gesagt, dass Gott in die Herzen der Menschen einziehen, in ihnen Wohnung nehmen will. Er will unser Leben hell machen, er will uns abnehmen, was uns bedrückt. Die Herzenstür zu öffnen, macht empfindsam, immer auch mit dem Risiko verbunden, von Mitmenschen enttäuscht zu werden. Aber auch darin ist uns Gott schon vorausgegangen. Gott kannte – schon auf den ersten Seiten der Bibel ist davon die Rede – die abgrundtiefe Enttäuschung über seine Krone der Schöpfung, sodass er versucht war, die ganze Schöpfung rückgängig zu machen – in einer großen Sintflut. Auch durch den Advent seines Sohnes macht er uns deutlich, dass dies nicht das letzte Wort ist. Das Endurteil über uns ist nicht besiegelt. Im Gegenteil: das Siegel ist erbrochen und eröffnet den Zugang zur frohen Botschaft an uns. Was von uns verlangt wird, ist eine Einladung: sich dem menschenfreundlichen Gott zu öffnen.

Der Schlüssel ist ein Symbol für den Schlüssel, den wir zum Herzen, zur Seele eines anderen Menschen brauchen. Wer den Schlüssel nicht hat, kann eben auch nicht aufsperren, einen ersten Schritt auf einen Mitmenschen zu. Unverdientermaßen nimmt Gott uns Schuld ab, er stiftet Frieden über den Weg von dem Kind in der Krippe zu dem auf Golgatha gekreuzigten Jesus. Damit ist besiegelt, dass Gott mit seinem ersten Urteil über die Menschen nicht mehr

Recht behalten will. Gott verzichtet auf Recht! Das ist sein Schlüssel. Den kopierten Schlüssel, den wir in der Hand haben, ist der Schlüssel der Vergebung – wir geben einem anderen etwas zurück, nämlich seine Schuld und machen sie damit wirkungslos. Vergeben ist das Gegenteil von Urteilen. Deswegen ist sie nicht einfach. Wir verzichten auf unser Urteil, auf Macht, zerstörende Rechthaberei, auf Wiedergutmachung und gekränkte Eitelkeit. Was wir gewinnen, ist ein Neubeginn mit anderen Menschen, und dazu ist es nie zu spät!

Wie wäre es, wenn wir in den nächsten Wochen anfangen würden, Vergebung zu praktizieren? Viele Ängste und Verstellungen wären dann nicht mehr nötig, ein mildes Klima könnte in unseren menschlichen Beziehungen einsetzen. Keine Rache und Vergeltung mehr, nur noch gute Gedanken übereinander.

Die Adventszeit ist keine laute Zeit. Der Ruf nach Stille kommt vom bäuerlichen Leben her, in dem es früher in der kalten Jahreszeit nichts mehr auf dem Acker zu tun gab, desto mehr daheim in der Wohnstube. Adventzeit ist daher auch die Zeit, in der sich Empfindungen einstellen, die den Panzer aus Selbstkontrolle und Abschottung durchbrechen wollen. Das Kind in der Krippe weckt freundliche und positive Empfindungen. Sich auf das kleine Kind einstellen heißt auch das eigene Kind in uns wieder zu entdecken und in uns leben lassen. Selber wieder Kind sein, großen Augen machen, sich überraschen lassen und staunen können. Dies ist Advent.

Advent Gottes heißt aber auch: die Augen sollen uns aufgehen. Die Augen sollen uns aufgehen, wenn Menschen nach einem guten Wort hungern und nach Gerechtigkeit dürsten. Wir sollen einen neuen Blick gewinnen für Menschen, die sehnlichst nach Zuwendung, oder wenigstens einem Gespräch warten, darauf, dass wir sie auf schweren Wegen ein Stück weit begleiten. Gott selbst hat von sich gesagt, dass er eher dort zu finden ist, wo die Welt eben nicht zu finden ist, wo die Welt eben nicht interessiert hinschaut. Arm ist er gekommen, und leicht ist er zu übersehen für den, dem die Augen nicht aufgehen.

Vielleicht, liebe Gemeinde, gelingt es ihnen in den kommenden Tagen, in einer stillen Stunde Rückschau über ihr Leben zu halten – auf die Stunden, in denen das Leben nicht einfach war, wo sie nachträglich erfahren konnten, dass es mit Gottes Hilfe wieder hell geworden ist. Solch eine Rückbesinnung ist noch immer der beste Lehrmeister, unsere Fantasie auf die Menschen in unserer Umgebung auszurichten, die nichts zu lachen haben: Eine verpfuschte Jugendzeit, berufliche Schwierigkeiten, Krankheiten, missglückte Beziehungen. Menschen auf der Schattenseite des Lebens haben ein Recht, vor allem durch Christen ein Zeichen der Ermutigung zu erhalten – im Vorgriff auf die große Verheißung Gottes: Selig sind, die da Leid tragen, denn sie sollen getröstet werden! Ein Licht in der Dunkelheit, eine Tür, die geöffnet wird und wir dabei, weil Gott mit Brief und Siegel in seinem Sohn Jesus sichtbar macht, dass er niemanden von uns aufgibt. Auch wenn die momentane Gegenwart dagegen steht.

Ich wünsche Ihnen allen einen Adventskalender, an dem Sie kleine Türen öffnen können und dahinter eine Überraschung finden oder eine bisher verstellte Erfahrung machen. Vielleicht – und das wäre in der Adventszeit am schönsten – könnten Sie für einen anderen Menschen Ihre Herzenstür öffnen. Ich wünsche Ihnen für jeden dieser Tage eine kleine Überraschung, bis zur großen Überraschung, dass sich Gott wie ein Kind mit uns freut. In diesem göttlichen Sinne: Ihnen allen eine gesegnete Adventszeit! Amen.

Jes. 63, 15-16

2. Adventssonntag, 11. Dezember 2005

Maria Magdalena/Schnabelwaid

So schau nun vom Himmel und sieh herab von deiner heiligen herrlichen Wohnung! Wo ist nun dein Erbarmen und deine Macht? Deine große herzliche Barmherzigkeit hält sich hart gegen mich.

Bist Du doch unser Vater. Denn Abraham weiß von uns nichts, und Israel kennt uns nicht. Du Herr, bist unser Vater, „unser Erlöser“, das ist von alters her dein Name.

Liebe Gemeinde!

Alle Jahre wieder befällt mich in der Adventszeit ein leichtes Unbehagen. Ich bringe die schönen Erinnerungen meiner Jugendzeit, die um das Geheimnis von Weihnachten kreisen nicht mehr zusammen mit den ernüchternden Erfahrungen in unserer Gegenwart. Gott, der sich anschickt, in der Geburt seines Sohnes auf uns zuzugehen, trifft auf Menschen, die sich in der Hetze festlicher Vorbereitungen auf vieles konzentrieren, nur nicht auf ihn. Gott möchte Heimat bei uns Menschen finden, wie soll dies aber gelingen, wo wir doch selbst so viel außer Hause sind. Das Geheimnis um die Ankunft Gottes ist vielleicht deswegen so lebendig in meiner Erinnerung, weil sich mit zunehmendem Alter unsere Jugendzeit verklärt und Erinnerungen die Vergangenheit idealisieren. Dafür verfolgt mich ein beunruhigender Tagtraum: ich sehe die mächtigsten Männer dieser Welt an einem Tisch sitzen, nicht wort- und gestenreich über die bedrohlichen Krisenherden diskutierend, sondern still im Gebet um die Erhaltung des Friedens versunken. In meinen Gedanken taucht dieses sympathische Bild immer wieder auf und ich frage mich, was es für die Ängste der Menschen dieser Welt bedeuten könnte. Dazwischen drängt sich die ernüchternde Wirklichkeit immer wieder ein, diesen Traum und Gottes Weihnachtsgeheimnis zu zerstören.

Diesen Zwiespalt zwischen Vergangenheit und Gegenwart, zwischen Traum und Wirklichkeit hat das Volk Israel schmerzhaft und leidvoll erfahren. Denn das große Exil in Babylonien wurde zum schmerzlichen Störfaktor in der Beziehung der Israeliten zu ihrem Gott. Wie sollte Gott Heimat finden bei einem Volk, das selbst keine Heimat mehr hatte. Wo ist Gott in diesem Exil gewesen? Die Erinnerungen an die großen Taten Gottes, deren sich der Israelit so dankbar gern annimmt, verblassen vor der Not der Vertriebenen. Der fromme Beter kann seinen Mund nicht mehr zum Lobpreis eines Gottes öffnen, der sich offensichtlich abgemeldet hat. „Wo ist nun dein Erbarmen und deine Macht?“, so hadert der von unerklärbarem Schicksal erniedrigte Gläubige. Was nützen ihm die guten Erfahrungen seiner Väter mit Gott, wenn er selbst nichts davon spürt. Das sind sehr ungewöhnliche Töne im Alten Testament, sie passen aber sehr wohl in unsere Zeit:

Wir leben zwar äußerlich nicht in einem Exil, aber Katastrophen – weltweite wie ganz persönliche – brechen über uns herein. Wo ist Gott in den Katastrophen? Wo bist Du Gott, wenn ein Flugzeug abstürzt, wenn ein Kind verhungert oder ertrinkt oder wenn Menschen von anderen, die du als deine Ebenbilder haben wolltest, gefoltert und ausgebeutet werden? Das sind Fragen, die unseren Glauben an Gott auf eine harte Probe stellen, Fragen, die so brennen können wie Jod auf der Oberfläche unserer Haut.

Es ist merkwürdig, dass sich die Frage nach Gott für sehr viele Menschen unserer Tage gerade angesichts erschütternder Katastrophen festmacht. Ist Gott in solchen Fällen dann abwesend oder will Gott auch in Katastrophen mit uns reden? Wenn wir unseren Glauben ernstnehmen, dann müssen wir auch den Zweifel zulassen, und erst recht das schweigende Mit-Leiden. Ja das Schweigen, in dem Gott manchmal mehr zur Sprache kommen kann als in lauten Bekenntnissen seiner Frohbotschaft. Wir wissen nicht und werden es in unseren Erdentagen nie ergründen, warum Gott den einen Menschen in die Katastrophe führt und den anderen verschont. Wir müssen uns immer wieder darauf einstellen, dass uns viele Seiten an Gott ein Rätsel bleiben. So wie sich schon Martin Luther über den Gott herzlich freuen konnte, der sich in der Geburt seines Sohnes an unsere Seite gestellt hat, andererseits aber den Gott fürchtete, der uns dunkel und verborgen bleibt.

Was können wir in aller Ratlosigkeit tun? Wir können vielleicht herantastend das Leiden in dieser Welt und unser Leid mit dem Leiden und dem Tod Jesu zusammendenken, diesem Jesus, der mit Weihnachten unser Bruder sein will. Vielleicht – und das wäre ein heilsamer Hoffnungsschimmer – regt dieses bohrende und stille Nachdenken unsere Phantasie an, etwas Leid mit unseren bescheidenen Möglichkeiten bei anderen zu lindern.

Ich lese in diesen Tagen wieder einmal die Predigten von Johann Friedrich Esper, der vor über 200 Jahren Pfarrer in meiner Heimatgemeinde Uttenreuth bei Erlangen war und weithin als Entdecker der Höhlenlandschaft in der Fränkischen Schweiz gilt. In einer Predigt anlässlich einer dort im Jahr 1766 überstandenen Brandkatastrophe macht er sich zum Bruder der Bewohner, die plötzlich ihre Behausung verloren haben. Er nimmt aber auch die glücklich Verschonten in die Pflicht: „Vielleicht – so sinniert er – hat Gott euch davonkommen lassen, dass ihr euren Glauben an den Leidtragenden beweisen könnt!“ Sollte Gott uns so vielfache Not vor unsere oft kurzsichtigen Augen führen, dass wir in seinem Sinne den Opfern ein Stück Hoffnung fürs Weiterleben geben? Um damit auch die Dankbarkeit für unser kleines Leben besser einzuüben?

„Wo bist du Gott?“ Diese Frage ruft nach einem Menschen, der mit Gott ringt, der Gott bedrängt, so wie Jakob am Jabbok. Gott will, dass wir ihn nicht billig machen und mit flachen Lippenbekenntnissen abspeisen, die keinerlei Spuren hinterlassen. Ich denke dabei an eine Frau, die vom Krankenhaus die Mitteilung bekam, dass für die Genesung ihres Mannes wenig Hoffnung bestehe. In fieberhaftem Ringen mit Gott rief sie alle Verwandten und Bekannten an und bat jeden um Fürbitte für ihren Mann. Gegen alle menschliche Erwartung und Prognose überlebte dieser Mann die lebensbedrohende Krise noch ganze 15

Jahre. Gott will offensichtlich bedrängt werden mit unseren Gebeten - im Alltag, und nicht allein im Ausnahmezustand.
Wer den Kontakt mit Gott pflegt, kann erfahren, dass er gerade dort am nächsten ist, wo wir uns aufmachen, im Gebet die Not eines Menschen durchzudenken, allein oder miteinander. „Wo zwei oder drei versammelt sind in meinem Namen, da bin ich mitten unter ihnen!“ Gerade dort, wo wir der Empfehlung des Apostels Paulus folgen und mit den Weinenden weinen – nicht nur miteinander feiern, dass können oft die besser, die von Gott nichts wissen wollen.
„Wo bist du Gott?“ Eine Antwort darauf erahnen wir oftmals erst im Nachhinein, wenn eine körperliche oder seelische Not überstanden ist, so wie Mose Gott nicht von Angesicht sehen konnte, sondern ihm nur nachsehen durfte. Wer sein Leben in der Stille dieser Adventstage überdenkt, wird sicherlich genügend Stationen aufspüren, an denen Gottes bewahrendes Eingreifen nachträglich durchschimmert.
„Wo bist du Gott in unserem Alltag?“ Wer so fragt, will Gott nicht an die Grenzpfosten unseres Lebens verbannen, sondern möchte ihn in den kleinen Radius unserer Welt hereinholen. Dies könnte etwa damit beginnen, dass wir einmal aufschreiben, was eigentlich nicht selbstverständlich ist, z.B. dass wir täglich einigermaßen gesund aufstehen und unversehrt von der Arbeit zurückkehren, weit mehr als genug zu essen haben, wo in anderen Weltteilen Menschen nicht wissen, wie sie heute oder morgen den Hunger ihrer Kinder stillen können. Oder in eine andere Richtung gedacht: wann haben wir das letzten Mal mit einem Verwandten oder Bekannten über Gott gesprochen – so, dass dieser auf ihn aufmerksam geworden ist? Hat Gott bei uns selbst keine feste Heimat, dann vermitteln wir unseren Kindern zum mindesten die Haltung, dass Gott bestenfalls ein Katastrophengott ist.
Wo bist du Gott in dieser Adventszeit? Fragt man kleine Schüler nach dem guten Sinn von Weihnachten, so haben sie schnell eine formelhafte Antwort parat: wir sollen uns auf das Christkind freuen! Wie ehrlich diese Antwort bei

ihnen beheimatet ist, lässt sich sofort überprüfen. Also schlage ich den Schülern folgende Schilderung einer Weihnachtsfeier vor: in einem festlich geschmückten Zimmer steht ein riesiges Paket für euch. Ihr reißt es erwartungsvoll auf, findet darin eine Unmenge von Zeitungspapier, etwas Watte, einen Ziegelstein und darunter eine Postkarte mit der Beschriftung: Freue dich, dass der Sohn Gottes geboren ist. Die meisten Kinder schauten ziemlich betreten drein. Also doch weniger Jesus und...mehr Geschenke.

Unser Glaube ist immer auf dem Prüfstand. Was unser Glaube trägt, will im betenden Gespräch mit Gott immer neu erfahren werden. Jedes Jahr ist die Adventszeit eine Einladung an uns, Gott eine Heimat zu bereiten. Vielleicht gelingt es uns dabei, wenigstens ein wenig Hoffnung für die geängstigte Welt freizusetzen.

Ich klammere mich an das eingangs angesprochene Bild von den um den Weltfrieden betenden Politikern. Dies um so mehr, dass ich in den Durststrecken meines Lebens nicht ratlos vor der Frage kapituliere: Wo bist du Gott? Amen.

Gebet

Herr, unser Gott, du willst uns in der Adventszeit immer wieder neu sagen, dass du in deinem Sohn Jesus uns entgegengehst. Du ermunterst uns, in Gebet und Fürbitte Deine Nähe zu suchen. Gib, dass wir die Vorfreude auf deine göttliche Ankunft in uns aufnehmen und alles Reden über Hoffnungslosigkeit verscheuchen und der Resignation nicht zu viel Raum geben.

Setze uns in Bewegung – dorthin, wo einsame Menschen sich nach etwas Licht und Helligkeit in ihrer Finsternis sehnen. Lass deinen Adventsfrieden in unsere Häuser einziehen, dass Ehepaare wieder konstruktiv miteinander reden, Jugendliche ihre Eltern besser verstehen und Eltern ein offenes Ohr für die Sorgen ihrer Kinder haben, ohne vorschnelle Ratschläge zu präsentieren.

Herr, du willst nicht, dass wir allein sind und Menschen unserer Umgebung allein lassen. So schicke uns zu alten Menschen, die danach hungern, noch ein wenig beachtet zu werden. Bewahre uns den Frieden in der Welt, deiner herrlichen Schöpfung, damit nicht die politischen Machthaber gewaltsam deiner Wiederkunft vorgreifen. Herr, lenke uns in dieser

Adventszeit wenigstens von uns ab, damit wir von deiner Botschaft mehr zu geben befähigt werden, damit auch durch uns die Schatten um uns ein wenig gelichtet werden. Amen.

Jak. 4, 13-15

2. Sonntag nach dem Christfest, 4. Januar 2009

St. Bartholomäus/Pegnitz

Begrüßung

Dieses Jahr, liebe Gemeinde, ist noch jung, noch frisch unsere guten Vorsätze aus der Silvesternacht, gleichgeblieben unsere Sorgen um das alltägliche Leben, unsere Sorgen und Befürchtungen über den Lauf der Welt. Erschreckend unsere Einseitigkeit, bei unseren Planungen und Ängsten Gott allzu schnell auszublenden. Noch erschreckender die schockierenden Bilder von weltweiten Katastrophen, die uns überdeutlich vor Augen führen, wie ungesichert unser aller Leben ist. Es kann in einer Sekunde verwehen! Diese Bilder, die wir so schlecht los werden, treiben in die Sprachlosigkeit und Bescheidenheit.

So treten wir demütig vor Gott und bekennen ganz freimütig unsere Oberflächlichkeit, unseren Egoismus und unsere oftmals grundlose Unzufriedenheit. Auch und gerade am Anfang dieses neuen Kalenderjahres bitten wir: Gott sei mir Sünder gnädig...

Predigttext

Wohlan nun, die ihr sagt: Heute oder morgen wollen wir in diese oder jene Stadt gehen und wollen ein Jahr da verweilen, Handel treiben und Gewinn machen.

Dagegen sollt ihr sagen: So der Herr will und wir leben, wollen wir dies oder das tun.

Der Monat Januar als erster Monat eines neuen Jahres leitet sich von dem altrömischen Gott Janus ab. Bildlich wird er dargestellt als ein Doppelantlitz. Das eine Gesicht blickt zurück und verabschiedet gleichsam das bereits vergangene Jahr, das andere Gesicht schaut vorwärts, lenkt Gedanken und Sinne

auf die Zukunft eines neuen, noch unverbrauchten Jahres. Das rückwärts gewandte Gesicht ist in seinen einzelnen Zügen und Stirnfalten genau erkennbar, das vorwärtsweisende Gesicht gibt sich glatt und undurchdringlich. Es ist unbeschreibbar – erst die kommenden zwölf Monate werden ihre Züge in dieses Gesicht eingraben.
Diese altrömische Darstellung des Doppelantlitzes findet heute, in der Übergangszeit zwischen Weihnachten und den ersten Januarwochen einen reichlich farblosen Abdruck in meist nüchternen Zahlenbilanzen. Soll und Haben, Erreichtes und noch zu Erreichendes, Erwartungen und nicht eingetroffene Prognosen finden darin kurzatmigen Ausdruck – heute überschattet von einem allgegenwärtigen Krisengerede.
Wo – so muss man fragen – wo bleibt das Leben? Wo bleiben die wohltuenden und aufmunternden Gespräche mit Menschen unserer Umgebung, wo die ehrliche Aussprache, an deren Ende die Versöhnung steht? Denn dies gehört ja vornehmlich zu den Menschen, für die der Jesus von Weihnachten noch eine tiefere Bedeutung hat. Dies wird in reinen Bilanzen nicht greifbar.
Unsere persönliche Bilanz, die wir wohl gegen alles Getümmel um uns herum in einer besinnlichen Stunde aufgemacht haben, wird sicherlich farbiger und menschlicher ausfallen – durchzogen von Licht- und Schattenseiten, von erfüllten Hoffnungen und Enttäuschungen, von Freude und Leid. Wer sich zur göttlichen Botschaft an Weihnachten bekennt und sie wenigstens ein Stück weit in seinem Alltag umzusetzen versucht, hat nicht die Garantie, dass alles in seinem Leben glatt läuft. Was wären wir sonst für oberflächliche Menschen! Aber er kann damit rechnen, dass Gott auch in dunklen Zeiten und Stunden uns nahe sein will.

Denken wir an das vor uns liegende Jahr, so sind Planungen und Pläne unvermeidbar – im Großen wie im Kleinen. Wer plant, lässt erkennen, dass er Erwartungen an das Leben stellt und Hoffnungen in sich trägt. Nichts gegen

Pläne und Planungen, denn uns imponieren ja Menschen, die festumrissene Ziele verfolgen. Wo bleibt aber das Leben, wenn uns die Meilenstiefel unseres Planens zu groß geraten – und damit auch unsere Ängste und Befürchtungen? Zu vieles und zu weitschauendes Planen kann auch engstirnig machen, unbeweglich und vor allem egoistisch. Wir zahlen dann einen hohen Preis: die Freude am Heute, am Geschenk eines neuen Tages geht verloren.
Genau diese Gefahr, das Leben im Grunde zu verlieren, zeigt unser Text in wenigen, aber markanten Sätzen auf, weil dahinter ein Grundmuster menschlichen Verhaltens zum Vorschein kommt. Wer den Horizont seines Planens zu weit steckt und hartnäckig der Erfüllung seiner Pläne nachrennt, muss sich fragen lassen, wo er seinen Rückhalt findet, wenn ihn nicht eingeplante Misserfolge und Enttäuschungen überraschen oder überfallen. Offensichtlich kommt in der Heiligen Schrift menschliches Leben in seiner Gesamtbeurteilung schlecht weg, wenn es ausschließlich unter dem Vorzeichen des eigenen Strebens steht.
Wo bleibt das Leben, unser Leben in all seiner Einmaligkeit? Wenn der Mensch in sich gekrümmt ist, wie Martin Luther einmal gesagt hat, dann ist das Leben wie ein Dampf, der sich schnell verflüchtigt oder wie verdorrendes Gras – so sagt jedenfalls Jesaja. Planen ja, aber doch nicht so, dass unser Leben als Geschenk Gottes an uns dabei verschüttet wird. Vielmehr ermuntert uns das Wort der Heiligen Schrift am Beginn eines neuen Jahres dazu, unser Planen so anzugehen, dass dabei ein ganz anderes Vorzeichen zum Tragen kommt. Mit den Worten des Jakobustextes: ***So der Herr will und wir leben, werden wir dies oder das tun!*** Welch eine herrliche Gelassenheit dem Leben gegenüber liegt in dieser Botschaft. Und diese Gelassenheit – weil sie ablenkt von unserem nicht selten prahlerischen Selbstkönnen – klingt uns aus einem der schönsten Texte des Neuen Testamentes in das neue Jahr herüber. In der Bergpredigt (Mtth. 6) schreibt uns Jesus in unseren Jahreskalender 2009 an oberster Stelle: *Darum sollt ihr nicht sagen, was werden wir essen, was werden wir trinken, womit*

werden wir uns kleiden. Nach solchem trachten auch die Heiden. Denn euer himmlischer Vater weiß, dass ihr dies alles bedürft!
Wer sich dieses Wort zu Herzen nimmt, wird bei seinem Planen kleine Schritte tun, weil er weiß, dass vieles in unserem Leben bruchstückhaft bleibt und wir das Leben uns nicht selbst verdanken. ***So der Herr will und wir leben!*** Wer so spricht, hält vor allem Planen inne, weil er eben mit Gottes Begleitung rechnet. Wer so am Beginn eines neuen Jahres sprechen kann, hält den Dank an Gott für sein bisheriges Leben wach. Es würde uns allen vielleicht gut anstehen, öfters als bisher nach den Selbstverständlichkeiten in unserem Leben zu fragen, die sich dann sehr schnell eben nicht als solche herausstellen. Dank für das zurückliegende Jahr und Hoffnung auf die Begleitung Gottes bei all dem, was wir persönlich im Jahr 2009 angehen – dies wäre das beste Doppelantlitz eines Christen.
Hinter den nüchternen Worten des Jakobusbriefes taucht die immer bedenkenswerte und nagende Frage nach dem Sinn des Lebens auf. Dieser Frage sollten wir uns öfters stellen, nicht nur in der kurzen Zeitspanne zwischen Weihnachten und Neujahr. Ab und zu einen an Leib und Seele wohltuenden Ruhepunkt im alltäglichen Getriebe setzen! Was will ich? Wem nütze ich mit meinem Eifer und mit meinem Ehrgeiz?
Manche unter uns sind im vergangenen Jahr vom Tod eines lieben Menschen so brutal überfallen worden, dass ihnen die Frage nach dem schmerzlichen Warum – auf die wir zu Lebzeiten nie eine eindeutige Antwort geben können – wahrlich den Boden unter den Füßen weggezogen hat. Hier denke ich öfter an ein längeres Gespräch mit einem hochbetagten Bauern im Pegnitztal. Wir redeten über Gott und die Welt, über das Leben und den Tod. Der Gedanke an den Tod habe schon lange seinen Schrecken verloren - so meinte er -, nachdem er im Stall sehr oft vor einem über Nacht verendeten Tier wie angewurzelt stehen musste. Und dann der überraschende Zusatz: „Ich habe in meinem langen Leben rechtzeitig gelernt, mir die vielen kleinen Abschiede bewusst zu machen: der

Wegzug meiner Kinder ins Ausland... die Aufgabe der Landwirtschaft... das Nachlassen meiner Kräfte. Diese kleinen Abschiede helfen mir, die Angst vor dem großen Abschied klein zu halten." Die kleinen Abschiede zusammendenken mit dem großen Abschied – wie viel Weisheit!

Fällt uns die Frage nach dem Sinn des Lebens vielleicht deswegen so schwer, weil in Krisenzeiten oder allgemein auf unserem Lebensweg ein Teil unserer gottgewollten Sinne verkümmert? Weil wir sie nicht genügend pflegen? Wir alle brauchen mutmachende Begleiter auf unserem Lebensweg, damit wir gewappnet sind gegen verantwortungslose Schwarzmaler und Untergangspropheten. Und von diesen mutmachenden Begleitern gibt es mehr als wir manchmal ahnen. Wenn nur unsere Sinne wach bleiben! Da erzählt jemand von seinem Urlaub auf einer Insel im Indischen Ozean. Der stundenlange Blick von einer kleinen Lichtung auf das gleichmäßige Rauschen der hellgrünen Wellen, auf die über ihm lustig flatternden Webervögel – von diesen Bildern zehrt er noch nach Jahren. Ein anderer schwärmt von den fröhlichen Gottesdiensten in Tansania, vor allem: wie gern sich Afrikaner berühren und am Arm festhalten, während wir gern auf Distanz gehen. Don't touch me! Rühr mich nicht an... Ein dritter steht fasziniert vor der kunstvollen Struktur eines Spinnennetzes im Gegenlicht hinter einer Waldlichtung, riecht an duftenden Blumen oder ergötzt sich am lautlosen Zug einer Schwanenmutter mit ihren Neugeborenen an einem nahen See.

Ein anderes Beispiel – mitten aus dem Leben. Im vergangenen Sommer erzählte mir ein Student aus Thüringen, dass er sich recht mutlos mit seiner Examensarbeit voranquälte und nahe daran war, sein ganzes Studium, so kurz vor Torschluss, hinzuwerfen. Da tauchte in der Bibliothek ein Mutmacher in Gestalt einer pensionierten Lehrerin auf, die ihm seinen Frust ansah und auch den Mut hatte, ihn anzusprechen. In einem kurzen Gespräch fiel ein Satz, der dem Studenten so viel Auftrieb gab, dass er das Studienziel fast beschwingt erreichte und mit diesem Satz schon mehrmals seine Freunde in ähnlicher Lage aufrichten konnte. Der Satz der pensionierten Lehrerin: „Es ist besser, sie bringen diese Arbeit zu Ende, auch wenn sie nicht so glänzend ausfallen sollte, als wenn sie diese Arbeit nie abschließen.“ Ein mutmachender, weil lebenskluger Satz, auch wenn die pensionierte Lehrerin nie von dessen Wirkung erfahren hat. Die Lehrerin hat nicht nur Mut gemacht, sondern sie war für den Studenten im wahrsten Sinne des Wortes eine Botschafterin Gottes.

Wie uns die Anzahl unserer Lebensjahre nicht verfügbar ist, so ist uns auch nicht verfügbar, wo wir mit einem kleinen Wort, mit einer freundlichen Geste oder einer Handreichung Botschafter Gottes bei unseren Mitmenschen werden. Dahinter steckt die unaufdringliche, aber bewahrende Gegenwart Gottes, der an Weihnachten in seinem Sohn Jesus unser Bruder geworden ist und bleiben will.

Ich wünsche Ihnen von Herzen für dieses noch unbeschreibbare neue Jahr, dass viele gute Botschafter Gottes ihre Wege kreuzen mögen und ihre Sinne geschärft werden für die mutmachende Botschaft Gottes. Oder anders gesagt, aber in gleichem Sinne: Ich wünsche Ihnen allen ein in Gott gesegnetes neues Jahr.

Mit den Worten von Eduard Mörike:

In ihm sei's begonnen
der Monde und Sonnen
an blauen Gezelten
des Himmels bewegt

Du, Vater, du, rate
Lenke du und wende!
Herr, dir in die Hände
sei Anfang und Ende,
sei alles gelegt!

Gebet

Herr, unser Gott, am Beginn dieses Kalenderjahres, zwischen Altem und Neuem, erkennen wir überdeutlich, was bei uns nicht mehr im Lot ist, was rückschauend gelungen und missraten, was uns froh macht und was uns bleibend niederdrückt. Überdeutlich erkennen wir aber auch, wie sehr wir auf Deine Nähe angewiesen sind, auf Dein aufmunterndes Wort.

Gib am Beginn dieses Jahres einem jeden von uns das Zeichen Deiner Gegenwart, das er oder sie braucht. Mache uns Mut, mit Deiner Rückendeckung das alte Jahr und den alten Ballast abzulegen – in Deine Hände. Richte die Menschen auf, die alten Ballast nicht einfach abschütteln können, sondern ins neue Jahr mit hinübernehmen müssen und daran zu zerbrechen drohen.

Wehre allem Unfrieden in unseren Häusern und Wohnungen, zwischen Älteren und Jüngeren, zwischen Männern und Frauen, Ausländern und Einheimischen, Lass neue Achtsamkeit für Tiere, unsere Mitgeschöpfe, entstehen, denn gerade von ihnen können wir viel für unser Verhalten gegenüber Mitmenschen lernen.

Dort, wo Beziehungen gestört sind, lass uns in Deinem Namen den ersten Schritt zur Versöhnung tun, denn daran werden wir als Christen gemessen.

Schreibe den Mächtigen dieser Welt in ihr Stammbuch, dass jede Waffe eine Beleidigung gegen Dich ist. Herr, lass das vor uns liegende Jahr unter Deinem Schutz und Frieden gelingen. Was uns persönlich in dieser Stunde bewegt, bringen wir jetzt in der Stille vor Dich....

Über allem lass uns nie vergessen, dass wir ohne Dich zwar einiges, mit Dir aber weit mehr ausrichten können. Amen.

Joh. 19, 16-30

Passionsandacht, 6. April 2001

St. Matthäus/Hiltpoltstein (Dekanat Gräfenberg)

Liebe Gemeinde!

Karfreitag hat es mit dem Leiden zu tun. Wir wissen dies, aber wir sind weit davon entfernt dies anzuerkennen, weil es allzu menschlich ist, das Leiden zu verdrängen, nicht an uns heranzulassen. Wir wissen in guter christlicher Tradition, dass Christus für uns gestorben ist, aber wir setzen im Einzelfall viel daran, dass wir möglichst leidensfrei durch diese Welt gehen. Wir singen mit Paul Gerhardt: „Nun was Du Herr erduldet, ist alles meine Last“, wir bringen aber selten das Leiden des Gottessohnes mit unserem Leid zusammen.

Dabei meint der Ernstfall unseres Glaubens gerade, dass wir uns auf den Leidensweg begeben, wenn wir Christus nachfolgen wollen. Aber wir lassen den leidenden Christus allein, wie damals in den Tagen vor Golgatha niemand bereit war, für den leidenden Christus einzustehen, so gehen wir heute dem vielfachen Leiden in der Welt aus dem Weg. Wie hilflos sind wir, wenn wir vom persönlichen Leid eines Menschen um uns herum erfahren, wenn ein junger Mensch stirbt oder wenn wir an das Sterbebett eines Verwandten oder Bekannten gerufen werden – auch wenn dies selten der Fall sein wird -, wenn Kinder in dieser Welt verhungern.

Wir weichen aus, aus Hilflosigkeit wird obendrein sehr oft Gedankenlosigkeit, weil uns das Gespür abhanden gekommen ist, was ein Trauernder wirklich braucht. Eben nicht wortreiche Vertröstung, sondern stille Nähe. Dazu braucht es kaum Worte, wenn unser Mit-Leiden echt sein will. Wir treten die innere und äußere Flucht an, unser ganzes Leben wird so zu einer einzigen Flucht vor Christus und vor uns selbst. Leiden und Kreuz sind Zeichen für Ohnmacht und Schwachheit, in der Welt zählt der Starke, imponierend ist der Tatkräftige, der sich genügend Ellenbogenfreiheit verschafft und durchsetzt.

Wie kommen wir in den Karfreitag heute hinein? Unser heutiger Sprachgebrauch hilft uns nicht weiter, er zeigt vielmehr, wie weit wir vom eigentlichen Karfreitag entfernt sind: Wir sagen von einem Menschen, der uns Sorgen und Kummer bereitet, es ist ein Kreuz mit ihm. Der allzu Selbstbewusste hat es gern, wenn der Schwache vor ihm „zu Kreuze kriecht". Demütigung und Verachtung spielen hier mit, keineswegs selbstgewählte Buße oder göttliche Besinnung. Wie also kommen wir in die Botschaft des Karfreitags hinein?

Wir wollen miteinander zwei Gedanken aus dem Johannes-Evangelium aufgreifen, die uns auf diesem Weg vorbereitend helfen. Das letzte Wort Jesu am Kreuz: „Es ist vollbracht!" Welch eine beklemmende Ruhe, welch unheimliche Stille geht von diesem Wort aus. In der Matthäus-Passion von Johann Sebastian Bach verstummen daraufhin Instrumente und Chor. Fragen drängen sich auf: Was ist vollbracht? Ist überhaupt etwas vollbracht?

Es ist nicht gut, Zweifel, Fragen, Leiden und Trauer für sich zu behalten. Wer kann sie mit uns teilen? Gott bietet uns an, dies offen vor ihm auszubreiten. So hat die Christenheit zu allen Zeiten gerufen: „Herr erbarme Dich!" – als Endpunkt unseres Erkenntnisweges. In unserer Klage über den Zustand der Welt, in der wir leben oder ohnmächtig gelebt werden, steckt auch die Anklage. Wir selbst müssen uns anklagen. Denn oft sind wir es, die nicht zulassen, dass ein Leben vollbracht wird, d.h. gelingt. Eltern hindern ihre Kinder, einen sinnvollen Lebensweg selbst zu finden. Oft weil sie es zu gut mit ihnen meinen. Ehepartner hindern einander, ein erfülltes Leben zu erreichen, weil jeder seinen eigenen Träumen nachhängt. Die meisten von uns haben alles, was sie zum Leben brauchen, aber das hat uns auch satt und blind gemacht für die Nöte und Leiden anderer. Bei all dem materiellen Überfluss wachsen die Ängste, man könnte alles wieder verlieren. So verhindern wir, was Gott durch uns vollbringen will. Darum steht am Anfang der Passionszeit und Karwoche, gestern wie heute, dass wir Gott anrufen: Herr, erbarme Dich! – im Aufblick zum Gekreuzigten. Wer den Widerspruch in sich nicht wahrhaben will, dass unser Wollen hinter dem Tun zurückbleibt, wird auch den Platz am Fuß des Kreuzes unseres Heilands nicht für sich gelten lassen. Der Karfreitag ist nichts für den Selbstgerechten, der nur auf seine Leistungen zählt. Wenn ich heute oder morgen die Summe meines Lebens ziehen müsste, wird wohl wenig Vorzeigbares dabei sein. Jesus ruft uns ja immer wieder ins Gedächtnis, dass wir uns unnütze Knechte nennen sollen, auch wenn wir meinen, alles getan zu haben. Es ist wahr: nichts oder nur wenig ist vollbracht, wenn wir uns ernsthaft prüfen. Wir können nicht anders, als mit leeren Händen vor Gott zu treten und um Vergebung bitten. Wir tun dies nicht vergebens. Denn etwas ist bestimmt vollbracht: Gott hat sich in Christus mit uns Menschen versöhnt. Das gilt jedem von uns, der am Fuß des Kreuzes den Stamm hinaufblickt. Das Siegel dafür sind Brot und Wein. Er wollte, dass wir Versöhnung auch schmecken, dass wir Brot und Wein als Teilhabe an seinem Leib und Blut aufnehmen als Vorgeschmack auf den Tag, an dem alles vollendet sein wird. Gott – im Kreuz seines Sohnes auf unserer Seite!

Ein Zweites: am Kreuz kommt noch einmal Gottes Ringen und Werben um uns Menschen zum Ausdruck. Als Jesus seine Mutter sieht und den Lieblingsjünger, sagte er: Frau, siehe das ist dein Sohn, und zum Jünger: siehe, das ist deine Mutter.

Eine Mutter sieht ihren Sohn sterben, schrecklich sterben. Wir können uns kaum ihre Verlassenheit und ihre Gefühle vorstellen: alles vergeblich! Sinnlos erscheint ihr das Leben im Blick auf dieses Sterben. Nicht weit davon entfernt der am Boden zerstörte Johannes. Diesen beiden wendet sich Jesus sterbend zu. Um ihnen zu helfen, gibt er ihnen ein Auftrag, einander zu helfen. Vielleicht stehen die beiden stellvertretend für andere: ein älterer und ein jüngerer Mensch – getrennt durch Schwierigkeiten, wie sie die Generationen untereinander haben, heute mehr als damals. Zwei Menschen, zwei Generationen – nebeneinander und eben doch nicht miteinander.. Jesus wünscht, dass sie einander wahrnehmen und füreinander einstehen.

Die angebotene Versöhnung über dem Kreuz ist Zuspruch für jeden einzelnen und Aufgabe zugleich. Ob wir es hören, was der Gekreuzigte sagt? Siehe dein Sohn, siehe Deine Mutter, deine Schwester, dein Nächster. So und nicht anders kommen wir in den Karfreitag hinein. Damit sind beileibe nicht alle Fragen angesprochen, die mit dem Leiden in dieser Welt zusammenhängen. Es gibt auch ein Leiden, das uns vor dem rätselhaften Gott verstummen und revoltieren lässt. Vielleicht können wir dann soweit mitgehen, das wir das bohrende Warum am Fuß des Kreuzes ablegen.

In den Karfreitag sind wir dann hinein gekommen, wenn wir das Angebot zur Versöhnung und den Auftrag am Fuß des Kreuzes für uns gelten lassen. Es wäre am schönsten, wenn wir befähigt würden, Leiden in dieser Welt ein Stück weit lindern zu helfen. Damit nicht noch mehr Kreuze des Leidens aufgestellt werden. Dazu möge uns Gott helfen. Amen.

1. Kor. 15, 50-57

Invokavit, 7. März 2007

Vorra (Dekanat Hersbruck)

Dies sage ich aber, liebe Brüder, dass Fleisch und Blut das Reich Gottes nicht ererben können; auch wird das Verwesliche nicht das Unverwesliche erben.
Siehe, ich sage euch ein Geheimnis: Wir werden nicht alle entschlafen, wir werden aber alle verwandelt werden
Und dies ganz plötzlich, in einem Augenblick, zur Zeit der letzten Posaune. Denn es wird die Posaune ertönen, und die Toten werden auferstehen – unverweslich – und wir werden verwandelt werden.
Denn dieses Verwesliche muss die Unverweslichkeit anziehen, und dieses Sterbliche muss die Unsterblichkeit anziehen.
Wenn aber dieses Verwesliche die Unverweslichkeit anziehen wird, und dieses Sterbliche die Unsterblichkeit anziehen wird, dann wird erfüllt werden das Wort, das geschrieben steht: Der Tod ist verschlungen in den Sieg. Tod, wo ist dein Stachel? Hölle, wo ist dein Sieg?
Aber der Stachel des Todes ist die Sünde; die Kraft aber der Sünde ist das Gesetz.
Gott aber sei Dank, der uns den Sieg gegeben hat durch unsern Herrn Jesus Christus!

Liebe Gemeinde!

Wir platzen mit dem eben gehörten Text in eine leidenschaftliche Diskussion hinein, die der Apostel Paulus mit seinen Gegnern in Korinth um die Auferstehung Jesu und die Auferstehungshoffnung der Christen geführt hat. Lassen wir diesen weitgesteckten Rahmen zunächst beiseite, so stehen wir heute vor einem uralten, die Menschen zu allen Zeiten umtreibenden Problem. Gemeint ist das Problem des Todes und einer irgendwie gearteten Hoffnung auf ein Leben nach dem Tod.
Viel Tiefsinniges und Bedenkenswertes ist zu diesem Thema von Menschen der Vergangenheit und unserer Gegenwart gedacht worden, ohne dass wir jedoch im Grunde von der brennenden Frage nach unserem eigenen persönlichen Tod entbunden werden. Die Bandbreite der Aussagen reicht von einer heroischen

Idealisierung des Todes bis zur oberflächlichen Meinung, dass nach dem Tod alles aus sei. Wir haben nicht die Zeit, heute morgen die literarischen Äußerungen zum Todesproblem zu durchforsten und aufzuarbeiten, wie sinnvoll dies im Einzelnen auch wäre. Wir können aber eines bruchstückhaft versuchen, nämlich den Tod, unseren Tod, im Licht der Botschaft des Evangeliums beleuchten und durchdenken.

Suchen wir zunächst bei Martin Luther Rat, so stoßen wir bei ihm auf eine merkwürdige Aussage, die zunächst wenig hilfreich ist: Luther sagt an einer Stelle: „Wenn du an das Grab eines Verstorbenen gehst, so bete ein oder zwei Vaterunser, und dann *lass es gut sein*!" – Als wenn dies so einfach wäre. Möglicherweise sitzen Sie heute unter uns und leisten seelische Schwerstarbeit, weil sie den plötzlichen oder absehbaren Tod eines nahen Verwandten oder guten Bekannten nicht fassen können. Sie grübeln darüber nach, wie es weitergehen soll, nachdem Sie aus der Beziehung zu einem lieben Menschen herausgerissen worden sind.

Diese Ratlosigkeit, Zweifel und Trauer teilen wir mit Ihnen, und wir finden uns hier in bestes Gesellschaft mit den Jüngern Jesu: Es ist ein geradezu tröstlicher Zug an den Evangelien, dass sie uns von der Niedergeschlagenheit und Hoffnungslosigkeit der Jünger nach dem Tod Jesu berichten. Und warum sollten wir dann unsere Ratlosigkeit verheimlichen? Auch Luthers Glaube blieb ja nicht unangefochten, als er nach dem Tod seiner zwei kleinen Kinder am Boden zerstört war. Beim Verlust seiner Magdalena schreibt er in einem erschütternden Brief: „Ich weiß, ich habe einen Engel gen Himmel geschickt und dennoch bin ich zu Tode betrübt!" Und wir heute stehen gar nicht so fern den mittelalterlichen Menschen, deren Lebenserwartungen in der Regel kaum über das 35. Jahr hinausgingen, die sich aber in der ständigen Auseinandersetzung mit bedrohlichen Gefahren geradezu in der „Kunst des Sterbens" einübten. Hier können wir von ihnen lernen. "Gedenke des Todes" rufen uns die mittelalterlichen Grabesinschriften zu, und wir in unserer modernen Gegenwart erleben in dem immer mörderischer werdenden Verkehr oder in heimtückischen Krankheiten, gegen die kein Kraut gewachsen ist, ein unheimlich schrilles Echo auf diesen Ruf.

Wir können uns oftmals nicht erwehren, von der Sinnlosigkeit des Todes mancher Menschen zu sprechen. Und wenn wir in der Beerdigungsliturgie davon reden, dass es Gott gefallen hat, diesen oder jenen Menschen aus einem hoffnungsvollen Leben herauszureißen, so möchten wir wohl öfters hinausschreien, dass dies doch wohl eben nicht der Wille Gottes gewesen sein kann. Wie kläglich fallen unsere Kondolenzgebaren aus, welche billigen Worte fallen uns da nicht ein, die wir gedankenlos eben los werden – wo ein stiller Händedruck oder eine bloße Umarmung weit mehr Mitgefühl zum Ausdruck bringen könnte. „Das ist eben Schicksal, da kann man nichts machen!“ oder: „Wer weiß, was dem Verstorbenen alles erspart geblieben ist!“ Oder noch ärgerlicher: „Die Guten holt der Herr zuerst!“...Nicht selten wird Gott auf dem Hintergrund der immer quälenden Frage nach dem „Warum?“ in den Anklagestand zitiert.

Offensichtlich hängt unser Verhältnis zum Tod, unsere Angst vor dem Tod mit unserer jeweiligen Lebenseinstellung zusammen. Weithin leben wir ja – meistens ganz unbewusst – nach dem Grundsatz, der schon in der Heiligen Schrift vorkommt: „Lasst uns essen und trinken, denn morgen sind wir tot!“ Wir sind nicht selten von der Angst besetzt, in diesem Leben zu kurz zu kommen und streben danach, unsere Lebensverhältnisse möglichst angenehm zu gestalten. Am besten einen „Event“ nach dem andern mitnehmen – so jedenfalls in der Lebensphilosophie vieler Jugendlicher, um ja kein ernsthaftes Nachdenken über unser Leben aufkommen zu lassen.

Man wirft uns schon längere Zeit vor, wir würden den Tod verdrängen, oftmals werden wir aber von sich überstürzenden und bestürzenden Todesnachrichten überfallen, und wir sind hilflos, weil unvorbereitet. Wir sind auf den großen Abschied unvorbereitet, weil wir die kleinen Abschiede, wie etwa den Auszug

der erwachsenen Kinder aus der häuslichen Gemeinschaft, die Beendigung des aktiven Berufslebens, die altersbedingte Aufgabe einer lange Zeit intensiv betriebenen Sportart nicht bewusst an uns heranlassen.
Wir reden vom Tod eines Menschen als Endpunkt eines mehr oder weniger langen Lebens und merken andererseits vielfach nicht, dass wir mitten im Leben andere Menschen schon für tot erklären, weil wir sie vergessen, weil wir ihnen Zuneigung, Freundlichkeit, kleine Aufmerksamkeiten oder überhaupt Achtsamkeit versagen.
An den Tod können wir nicht denken, ohne das Leben mitzudenken. Und umgekehrt schließt volle Lebensbejahung die Bejahung des Todes mit ein. Wir brauchen hier keine Anleihen bei den Psychologen zu machen, denn aus dem Alten Testament kennen wir den bedenkenswerten Satz, der unsere Situation zu allen Zeiten trifft: „Herr, lehre uns bedenken, dass wir sterben müssen, auf dass wir klug werden!“ Dieses „Klugwerden“ hat gewiss nichts mit einer Verneinung der Lebensfreude zu tun, noch weniger mit einer Spekulation über das Jenseits, sondern es fordert uns vielmehr zur Überprüfung unserer eigenen Lebensweise auf. Vielleicht sind wir jetzt eher zu dieser Überprüfung bereit, nachdem uns überall die „Grenzen des Wachstums“, die Schäden als Folge des Raubbaus an der Natur aufgezeigt werden, wo uns die Vermessenheit unseres allzu egoistischen Fortschrittsdenkens vor Augen steht und die Politiker weltweit sich schwer tun, Rahmenbedingungen für Mäßigung und Umdenken zu schaffen.
Es kann sein, dass uns erst im Angesicht des Todes die Kostbarkeit unseres Lebens aufgeht. Dazu ein Beispiel, das man durch viele andere ergänzen könnte. Ich denke oft an einen jungen Mann, der seine Verlobte heiratete, obwohl ihm die Ärzte nur noch eine Lebenszeit von drei Monaten einräumten. Nach einem kurzen aber tiefen Schock über diese niederschmetternde Diagnose erlebten diese beiden jungen Menschen jeden Tag, der ihnen gemeinsam noch geschenkt war, mit all den kleinen Freuden des Lebens so intensiv, wie wir es in gesunden Tagen wohl kaum vermögen. Sie kamen zur Überzeugung, dass es weit

schlimmer sei, an Krebs im Denken oder im Gefühlsleben zu leiden als an einem körperlichen Krebsleiden.

Der Tod ist gewiss ein schmerzlicher Stachel in unserem Leben, aber wir brauchen uns nicht von vornherein der schwerverständlichen Meinung des Paulus anzuschließen, dass der Stachel des Todes die Sünde sei, um damit die Zuordnung von Tod und Leben richtig einzuschätzen.

Unser Text singt von dem Sieg über den Tod. Das ist bestimmt nicht so zu verstehen, dass wir auf eine fernerliegende bessere Zukunft billig vertröstet werden. Sondern so: Gerade hier stellt sich Gott unseren Klagen und Anklagen. Jesus hat den Tod, den allzu menschlichen Tod erlitten, als er am Kreuz in den Ruf mit dem 22. Psalm ausbrach: „Mein Gott, mein Gott, warum hast du mich verlassen?“ Er erlebte den Tod als den schmerzlichen Abbruch der Beziehung zu seinem Vater.

Aber Gott hat in der Auferstehung Jesu auf diesen Abbruch geantwortet. Er verdeutlicht uns Menschen damit, dass seine Liebe auch unser Leben wie unseren Tod begleiten will. Unsere Trauer und unser Tod sind im Tod seines Sohnes aufgenommen und aufgehoben. Der Sieg Gottes über den Tod, den man nicht triumphalistisch in den Mund nehmen muss, sondern nur langsam nachbuchstabieren kann, ist die Ablösung und Überwindung des Machtanspruches, den der Tod über uns hat. Diese Liebe Gottes zu uns Menschen versteht sich seit Golgatha als Teilhabe an der Auferstehung Jesu – ein Anfang zur Ewigkeit Gottes.

Jesus und in seiner Nachfolge Paulus geben sich nicht her für irgendwelche Spekulationen und Wunschbilder über das jenseitige Leben. Darüber konkrete Aussagen zu machen, dazu fehlt uns die irdische Vorstellungskraft. Der Apostel deutet mit dem Bild vom „Auskleiden“ und „Umkleiden“ nur annähernd an, wie diese Verwandlung sich vollziehen könnte. Lassen wir uns im Vertrauen auf den Auferstandenen von Gottes den Tod übergreifenden Liebe überzeugen, so verstehen wir auch den eingangs zitierten Ausspruch Martin Luthers, weil darin ein großes Vertrauen zur Sorge Gottes um unsere Verstorbenen zur Gewissheit geworden ist.

Ich wünsche denjenigen unter ihnen, die in den letzten Monaten einen nahen Verwandten oder Freund verloren haben, dass sich von Gottes Zusage her Ihre Trauer aufhellen möge, dass Sie Menschen finden mögen und von ihnen besucht werden, die ihre Tränen aushalten, eben nicht mit raschen Worten übergehen wollen. Mit einem Wort: Menschen, die gute Zuhörer sind. Gott gebe, dass wir dazu imstande sind. Amen.

2. Mose 15, 26

Okuli, 14. März 2004
Krankenhauskapelle Pegnitz

Begrüßung

„Wer unter dem Schirm des Höchstens sitzt und unter dem Schatten des Allmächtigen bleibt, der spricht zum Herrn: Meine Zuversicht und meine Burg, mein Gott, auf den ich hoffe".

Mit diesen Worten aus dem 91. Psalm darf ich Sie in der Kapelle und an Ihrem Krankenbett ganz herzlich zu unserem Gottesdienst begrüßen, den wir beginnen wollen im Namen Gottes des Vaters und des Sohnes und des Heiligen Geistes.

Wir bringen in diesem Gottesdienst alles vor Gott, was uns belastet – unsere Schmerzen an Leib und Seele, unsere Befürchtungen und Ängste und bitten um Entlastung.

Liebe Gemeinde!

Wir alle wissen, wie schwer es ist, mit Jugendlichen über Gott zu sprechen, vor allem dann, wenn diese Jugendlichen keine andere Perspektive in ihrem Leben haben als die Verwirklichung handfester materialistischer Träume und Wünsche und – was noch schlimmer ist – in den Erwachsenen keine anderen Vorbilder haben oder finden können.

Als ich vor einiger Zeit im Religionsunterricht am Gymnasium gefragt wurde, wer Gott für mich ganz persönlich sei, habe ich mit der Antwort zunächst etwas gezögert, weil ich nicht vorschnell mit einem Hinweis auf Luthers Kleinen Katechismus aufwarten wollte. Ich wollte einfach keine Antwort geben, die nach traditioneller Lehrmeinung riecht. So habe ich behutsam in Bildern angedeutet, dass Gott dort bereits in meinem Leben vorkommt, wo mir klar wird, dass ich vieles nicht selbst tun kann, ja mir vieles unverdient geschenkt wird. Gott ist für mich – so bin ich bis heute überzeugt – schon dort in meinem Leben zu finden, wo mir aufgeht, dass vieles eben nicht selbstverständlich ist, z.B. einigermaßen gesund zu sein, eine Arbeitsstelle zu haben oder von Katastrophen verschont zu sein, die andere bitter, manchmal überfallartig treffen.

Die meisten meiner Schüler waren mit dieser ersten Antwort, an die sich eine lebhafte Diskussion anschloss, kaum zufrieden. Ganz spontan, aber reichlich aggressiv, äußerte sich ein sehr sympathischer Jüngling mit folgenden Worten: „Von Gott kann man doch nur als Droge sprechen!“ – Welch ein frustrierendes Bild!

Gott als Droge? Wir können doch nicht im Ernst Gott als unserem Schöpfer vorwerfen, dass er das uns geschenkte Leben zerstören will. Und Gott will uns sicher nicht in das Reich falscher Illusionen führen, wie dies eben echte Drogen tun.

Ein anderes Bild für Gott fällt mir ein: *„Ich bin der Herr, dein Arzt!“* Als Mose dem Volk Israel diese Verheißung übermittelte, war keine Epidemie ausgebrochen oder neben der beschwerlichen Wanderung eine weiteres Unglück über die Exulanten hereingebrochen, aber eine gefährliche Krankheit bahnte sich an, die zu einer Katastrophe hätte werden können. Das Volk Israel war mürrisch und unzufrieden, weil ihm auf dem langen Marsch durch die Wüste Sinai das lebensspendende Wasser ausgegangen war. Obendrein haben einige Stammesmitglieder vor Mose den Glauben verloren, dass Gott diese Notlage beheben könne.

Also: das Murren und Hadern ist der Anfang aller Krankheit. Wir alle kennen dieses Hadern und Murren, wenn eine Krankheit uns befällt und länger bei uns bleibt als uns lieb ist. Wie viel Geduld bringen andererseits Verwandte eines Kranken auf, wie viel Pflege und Sorge wird zu Hause oder im Krankenhaus aufgebracht, wenn einem Menschen unweigerlich klar wird, dass Gesundheit kein einforderbares Grundrecht, noch weniger eine Selbstverständlichkeit ist.

Ich denke oft an einen Pfarrer meiner Heimatgemeinde Uttenreuth bei Erlangen, der in der zweiten Hälfte des 18. Jahrhunderts dadurch berühmt geworden ist, dass er als erster Höhlen in der Fränkischen Schweiz erforscht hat. Weit beeindruckender ist aber seine innere Haltung in Zeiten von Krankheit und Hinfälligkeit über die Jahrhunderte hinweg für uns geblieben. Bereits im Alter von 40 Jahren musste er jährlich für mehrere Wochen das Bett hüten. Er litt an einer geheimnisvollen Krankheit, bei der damals jegliche ärztliche Kunst versagte. Vorbildlich, weil im Sinne Jesu, ist die Reaktion des leidenden Pfarrers, die er in mehreren Briefen an seine pietistischen Gesinnungsfreude in Nürnberg - im Bett geschrieben – kundgetan hat. „Ich weiß nicht", so schreibt er, „warum ich leiden muss, aber diese meine Krankheit führt mich hinein in die Geduldschule Gottes." Im Alter von 49 Jahren ist er dann als Superintendent von Wunsiedel im oberfränkischen Fichtelgebirge gestorben. So ähnlich hat auch Martin Luther bei Krankenbesuchen ganz natürlich das Gespräch gesucht, aber sehr schnell danach gefragt, ob der Kranke Geduld mit Gott habe.

Jede Krankheit ist für uns Erwachsene eine Einladung, unsere Beziehungen zu unseren Mitmenschen, noch mehr zu Gott zu überdenken. Es wäre verhängnisvoll, bei diesem Überdenken die Hilfe der Ärzte auszuschlagen, weil auch sie mit ihrer Heilkunst im Dienste Gottes stehen. Ein verantwortungsvoller Arzt ist sich dessen bewusst und er weiß, dass er nicht alles tun kann. Eine harmlose Krankheit kann gegen alle menschliche und ärztliche Erwartung zum Tod führen. Aber das Umgekehrte gilt in gleicher Weise: Keine Krankheit kann so schwer und gefährlich sein, dass Gott nicht gegen alle hoffnungslosen Prognosen Heilung oder wenigstens Entlastung herbeiführen kann. Deswegen hat Martin Luther allzu selbstherrliche Ärzte kritisiert und sie, nicht nur despektierlich gemeint, als „unsres Herrgotts Flicker" bezeichnet.

Als ein berühmter Chirurg an der Schwelle zu seinem Ruhestand gefragt wurde, welches Ereignis ihn im Laufe seiner langen Karriere am meisten beeindruckt habe, zitierte er den Fall eines kleinen Mädchens, dem man vor der Operation erklärte, dass es nun aufgrund der Narkose einschlafen werde. Daraufhin sagte das Mädchen in aller Offenheit: „Wenn ich einschlafen soll, dann musst du vorher mit mir beten!" – Solch ein kindliches Vertrauen wünscht sich Gott von uns allen in Zeiten der Krankheit: *Ich bin der Herr, dein Arzt!*

Gott und die Ärzte wollen konsultiert werden, wenn Menschen krank werden – die Reihenfolge und Gewichtung hängt davon ab, wem wir mehr vertrauen. Bedenklich – gerade für Christen - sind die Extrempositionen, d.h. Hilfe nur ausschließlich bei einem der beiden Helfer zu suchen. Als vor einigen Jahrzehnten einem Ehepaar von ärztlicher Seite mit großer Eindringlichkeit von jedem weiteren Kinderwunsch abgeraten worden war – die medizinische Forschung hätte nach heutigem Stand keine Beschränkung auferlegt -, schlugen die beiden tiefgläubigen Partner diese Bedenken leichtsinnig mit dem Verweis auf die göttliche Zusage aus dem 2. Buch Mose in den Wind: *Ich bin der Herr, dein Arzt*! Von ihm her haben sie das Schicksal ihres Lebens angenommen. Was bedeuten dagegen schon Prognosen von fehlbaren Ärzten? Die junge Frau hat die Geburt des nächsten Kindes nicht überlebt...

Und, was können Christen als Verwandte und Freunde tun, wenn sich Krankheiten und Schmerzen in einer Familie einstellen. Außerhalb eines Krankenhauses oder einer Arztpraxis sind wir in der Regel keine beruflichen Vertreter der ärztlichen Heilkunst oder der Krankenpflege. Unsere Hände sind daher für entsprechende Eingriffe oder Handgriffe nicht geübt. Wir können aber alle mit diesen Händen etwas Entscheidendes tun: sie falten in fürbittendem Gebet für den oder die Kranke, weil wir alle mit Gott um das Leben von Verwandten, Freunden oder Bekannten ringen dürfen.

Ich bin der Herr, dein Arzt! Gott selbst hat uns in seinem Sohn ein Siegel gegeben für unser Vertrauen, das gerade dann gefordert ist, wenn körperliche Beschwerden und Schmerzen auf uns zukommen. In seinem Sohn Jesus hat Gott uns ein für allemal deutlich gemacht, dass er unser Leiden teilen will. Das Kreuz des Gottessohnes ist das Zeichen, dass Leiden nicht von Gott trennen muss. Gott selbst ist in die Niederungen unseres Leidens herabgestiegen. Er will damit sagen: ihr seid nicht allein im Leiden.

Wenn wir vor dem Kreuz des Gottessohnes unser Leben überprüfen, so kann klar werden, dass wir durch Leiden und Krankheit den Spuren dessen folgen, der auf Golgatha gelitten hat. Der Aufblick zum leidenden Christus am Kreuz von Golgatha gilt uns als Ermutigung zum Leben, weil hinter diesem Kreuz die Verheißung Gottes steht: *Ich bin der Herr, dein Arzt!*
Ich wünsche Ihnen allen einen gesegneten Sonntag und vor allem: baldige Genesung. Amen.

Schlussgebet

Herr unser Gott, wir erkennen immer wieder, dass nichts in unserem Leben selbstverständlich ist. Wir wollen uns daher zu Herzen nehmen, dass Du unser Arzt sein willst.
Wir bitten Dich: für Menschen, die in langer Zeit der Krankheit durch das Trockental der Demut getrieben werden. Lass sie nicht verzweifeln, sondern schenke Hoffnung und Zuversicht. Mache uns fähig, in Deinem Sinne Menschen aufzurichten, in deren Leben das Hadern und Murren längst die Oberhand gewonnen haben. Schenke Kraft und Ausdauer all denen, die einen kranken Menschen pflegen und Deine Geduldschule zur Genüge kennen. Gib, dass wir gute Worte finden zur richtigen Zeit, dort, wo der Hass, die Missgunst und der Neid übermächtig werden. Dort, wo Menschen sich aus dem Wege gehen oder mit Vorwürfen eindecken, lass neue Gemeinschaft unter Deinem Segen entstehen und wachsen. Nichts nötiger haben wir alle, als in dieser rauen und gefühlsarmen Zeit Ärzte in Deinem Sinne zu sein.
Noch eins Herr: Wir bitten Dich für alle Menschen, die vor einer Operation stehen und – leicht verständlich – Angst haben. Sei Du nahe mit Deinem Beistand – dem Kranken wie dem operierenden Arzt. Amen.

Mt. 12, 34-35/ Jak. 3, 5-8

11. Sonntag nach Trinitatis, 18. August 2002

St. Matthias und Anna/Buchau

Matthäus schreibt im 12. Kapitel seines Evangeliums (v. 34f.):

„[....] wovon das Herz voll ist, davon redet der Mund. Ein guter Mensch bringt Gutes hervor aus seinem guten Schatz des Herzens! Und ein böser Mensch bringt Böses hervor aus seinem bösen Schatz."

Und der Jakobusbrief ergänzt (Kap. 3):

Wenn jemand in seinem Wort ohne Fehler ist, dann ist er, wie er sein soll, und kann auch seinen ganzen Leib im Zaum halten.

Den Pferden legen wir einen Zaum ins Maul, damit sie uns gehorchen, und so lenken wir ihren ganzen Körper.

Die Schiffe, die so groß und so starken Winden ausgesetzt sind, werden durch ein kleines Steuerruder gelenkt, wohin sie der Steuermann führen will.

So ist auch die Zunge ein kleines Glied und richtet große Dinge an. Wie klein ist das Feuer und wie groß der Wald, den es in Brand setzt! Auch die Zunge ist ein Feuer, ja eine Welt von Ungerechtigkeit. Sie lebt und wirkt mitten unter unseren übrigen Gliedern und verdirbt den ganzen Leib.

Liebe Gemeinde!

Wir alle merken mehr oder weniger zornig oder betrübt, wie uns einmal so heilige Werte in unserer modernen Gesellschaft mit Füßen getreten werden. Dazu gehören vor allem Werte, die uns in Sprichwörtern in unserer Jugend nahegebracht worden sind. Einer dieser Werte heißt z.B.: „Reden ist Silber, Schweigen ist Gold!" Wer es vorzieht, vor dem Fernsehgerät Erholung und Ablenkung zu suchen, wird eins ums andere Mal eines Besseren belehrt: Was wird nicht alles auf uns eingeredet, mit lauten und vor allem schnellen Worten! Hier gilt gerade das Gegenteil: „Reden ist Gold oder Euro – Schweigen ist Silber oder Schrott!" Manchmal möchten wir einem Kommentator zurufen – in der Nachfolge eines römischen Philosophen: „O, wenn du geschwiegen hättest!".

Dass Worte einen Hörer oder Gesprächspartner verstimmen oder gar verletzen können, das kennen wir alle. Ich wähle zwei Beispiele, bewusst aus dem Raum der Kirche, weil es ja kaum einen menschlichen Fehler gibt, der sich nicht auch in unseren kirchlichen Gemeinschaften eindrängt!
Als junger Posaunenbläser in unserem einmal überschaubaren Bauerndorf bei Erlangen durfte ich neben vielen anderen auf dem Landesposaunentag im mittelfränkischen Gunzenhausen 1957 einem hohen Vertreter unserer bayerischen Landeskirche die Hand geben. Die Achtung vor dieser imposanten Gestalt habe ich lange in meiner Erinnerung bewahrt, bis ich 1988 in einem alten Kirchenakt ein Gespräch nachlesen konnte, das dieser geistliche Würdenträger mit einem seiner Pfarrer 1946 geführt hatte. Dieser einfache Landpfarrer war ursprünglich Jude, trat zum christlichen Glauben über und fiel 1935 unter die unseligen Rassengesetze der Nazi-Zeit. Man riet ihm damals, er möge seine Pfarrstelle aufgeben und nach Berlin gehen. Auf verschlungenen Wegen kam er nach dem Untergang des Dritten Reiches wieder nach Bayern und bat den gleichen Vorgesetzten um eine neue Pfarrstelle. Die einzige Antwort auf das Ansinnen dieses wahrhaft leidgeprüften Bittstellers: „Von mir können Sie ein Buch haben, aber keine Pfarrstelle!" – Nutzlose, weil schädliche und niederschmetternde Worte!
Szenenwechsel: Vor ungefähr 10 Jahren konnte ein älterer Mann aus Mittelfranken ein Versprechen einlösen, an das er sich seit dem Zweiten Weltkrieg gebunden fühlte. Wenn er jemals wieder seinen Heimatort sehen sollte, so sinnierte er in der Ferne, dann werde er die Kosten für eine neue Turmuhr seiner Heimatkirche aufbringen. Er hat sein Versprechen gehalten, weil er, beinamputiert zwar, Gott für die Bewahrung im Krieg danken wollte! Einige Zeit später kehrte er allerdings der Kirche den Rücken zu. Ein etwas impulsiver Pfarrer suchte daraufhin – und immerhin – das Gespräch mit ihm und schleuderte ihm entgegen – offensichtlich hat er seinen Gesprächspartner nicht

genau betrachtet: „Mit dieser Entscheidung zum Kirchenaustritt haben Sie sich selbst amputiert!“ – Nutzlose, weil aggressive und schmerzende Worte!

Unnütze Worte! Sie können wie Keulenschläge wirken. Wenn es stimmt, und davon gehe ich aus, dass ich eines Tages von Gott im letzten Gericht nach diesen unnützen Worten gefragt und auch beurteilt werde, dann muss ich noch immer und immer wieder erschrecken. Aber Protest meldet sich sofort in mir an! Können denn unnütze Worte nicht auch erheiternd und krampflösend wirken. Ein guter Witz, zum Beispiel. Wird denn bei Gott unserem Schöpfer wirklich jedes unnütze Wort in die Waagschale geworfen und gewogen?
Behalten wir zunächst einmal im Hinterkopf, dass im griechischen Urtext von nutzlosen, d.h. gottlosen Worten die Rede ist. Gemeint sind damit Worte, die das Wirken Gottes unter uns Menschen hindern und blockieren.
Weithin gehen wir ja recht unbekümmert und auch unbedacht mit unseren Worten um. Mancher, der sich ansonsten um eine verantwortungsvolle Lebensgestaltung bemüht, findet nichts dabei, seinem Ärger, ja seiner Wut mit Ausdrücken aus dem Tierreich Luft zu verschaffen. Jeder von uns hat schon einmal erlebt, dass ein Unbekannter bei der Erstbegegnung, beim ersten Blick, uns nicht gerade sympathisch erscheint, bis er mit einer überraschenden, weil wohltuenden Meinung Beachtung findet und mit seiner ganzen Person gewinnt. Auch das leider viel häufigere Gegenteil können wir antreffen: eine rein äußerlich angenehme Gestalt verliert in dem Moment, wo sie mit einer lieblosen, aggressiven oder gar prahlerischen Meinung aufwartet. Gerade in unseren Worten lassen wir uns oft gehen. Das rührt wohl daher, dass wir meinen, es seien eben bloß Worte, denen im alltäglichen Umgang kein allzu großes Gewicht zukommt. Nun macht uns aber Jesus darauf aufmerksam: Wer meint, dass Worte nicht viel zählen, der irrt.
Unsere Worte sind zunächst ein Gradmesser, wie es in unserem Inneren, unserer Seele, aussieht. Worte verraten die Absichten und Einstellungen meines

Herzens. Sie bringen unweigerlich nach außen, was drinnen ist. Wenn ich zum Beispiel über andere nur negativ rede, so lässt dies erkennen, dass Missgunst in meinem Herzen nistet, dass ich selbst nicht im Lot bin. Wenn jemand gern schmutzige Witze von sich gibt, dann weist dies auf unreine Flecken in ihm selbst zurück. Wer gern oberflächlichen Tratsch pflegt, gibt von sich preis, dass er innerlich hohl und damit ganz unglücklich ist.

Welcher Unsinn, welch üble Nachrede wird nicht alltäglich auch unter Christen verbreitet – wo es gerade ihnen in vielen Fällen gut anstünde, schlicht zu sagen: „Ich kann hier nicht mitreden!" oder: „Ich habe dies oder diesen Menschen nicht zu beurteilen, weil es mir nicht zusteht!" Wer einmal durch die Mühlen gemeiner Kritik getrieben worden ist, weiß um die Narben, die daraus zurückbleiben.

Der Zusammenhang zwischen Wort und Seele gilt Gott sei dank auch im Positiven: Wenn einer im Augenblick für einen anderen das rechte Wort findet, dann weist das darauf hin, dass er für den anderen wirklich offen ist oder sich göttlicher Anleitung überlässt, so wie der Evangelist Matthäus in anderem Zusammenhang empfiehlt: „Sorgt nicht, wie oder was ihr reden sollt; denn es soll euch zu der Stunde gegeben werden, was ihr reden sollt!"

Glücklicherweise ist unser äußeres Verhalten oft besser als unsere Worte, aber insgesamt sind wir nicht besser als unsere Worte, denn schließlich gehören sie zu uns dazu.

Aber auch wenn wir den grundsätzlichen Zusammenhang von Herz, Seele und Wort anerkennen, versuchen wir doch im konkreten Fall allzu gern, uns zu entlasten, schnell den Gegenangriff zu starten und unsere Verantwortung für unsere Worte zu verringern.

Fast jeder hat schon einmal erlebt, dass er über sich selbst – genauer über seine Worte erschrocken ist, sei es aufgrund der Reaktion anderer oder weil ihm das Echo der eigenen Worte schmerzlich aufgefallen ist: Wie habe ich mich nur so hinreißen lassen! Dann liegen die Entlastungsstrategien schnell auf der Hand:

Ich habe es nicht so gemeint - damit schwächen wir ab. Mir sind die Nerven durchgegangen - wir lenken ab. Aber mit diesen Entlastungsversuchen mogeln wir, wollen nicht wahrhaben, dass wir hinter unseren Worten stehen. Vergleichbar mit übergewichtigen Menschen, die über ihr Gewicht erschrecken und dann meinen, dass eben die Waage nicht richtig anzeigt.
Jakobus nennt einen weiteren Grund, weshalb Worte keine harmlosen Belanglosigkeiten sind: Worte sind Kräfte, die wirken. Sie beeinflussen die Atmosphäre, in der wir atmen – im Verein, im Betrieb und in der Familie. So wie Tag für Tag Autos mit ihren Auspuffgasen die Umwelt belasten und andererseits Pflanzen den lebensnotwendigen Sauerstoff abgeben, so verpesten wir unsere Beziehungen mit Worten oder wir machen sie lebensfreundlich.
Worte können kränken oder ermutigen, verletzen oder lindern, traurig machen oder erheitern. Damit wird zweierlei verständlich: Wer berufsmäßig mit dem Wort umgeht, ist zu besonderer Verantwortung gerufen: Lehrer, Journalisten, Politiker und Pfarrer. Zum andern: unsere Worte bilden die Grundlage für den Urteilsspruch Gottes. Wenn uns einsichtig wäre, dass unsere Worte Auswirkungen bis in die Ewigkeit Gottes hinein haben, dann würden wir wohl nicht so leichtfertig und unkontrolliert mit ihnen umgehen.
Welche Konsequenzen könnten aus diesen Erkenntnissen gezogen werden – auch und gerade für unseren Alltag, der morgen wieder beginnt?
Zum ersten: Wir sollten unsere Worte und unser Reden bewusst in unsere Verantwortung nehmen. Damit wäre schon viel gewonnen, wenn wir in manchen Situationen vor dem Öffnen des Mundes noch einmal innehalten würden.
Zum andern: Jesus hat uns an seinem Reden, an seinem Umgang mit Menschen gezeigt, wie aufbauend Worte wirken können. Auf dem Weg zu seinem himmlischen Vater zeigt er jedem, der sich auf seine Botschaft ernsthaft einlässt, wie sich das Zusammenleben positiv gestalten und verändern kann: echte Reue

und ehrliche Entschuldigung und Bitte um Verzeihung steht Christen gut an und weist auf den zurück, der grenzenlose Achtsamkeit vorgelebt hat: Jesus.

Schließlich: Es wäre gut, wenn wir unsere Worte, unser Reden mindestens gelegentlich einer Kontrolle unterziehen würden – bevor sie unseren Mund verlassen. Allein schon der feste und immer wieder einzuübende Grundsatz: „Es gibt so vieles, was ich nicht beurteilen muss!“ könnte Wunder bewirken, auch für uns selbst.

Ein Letztes: Vor einigen Jahren hat unsere Gesellschaft der Angriff auf die Heiligung des Sonntags in Form von geöffneten Läden in den Großstädten erreicht. Manche Kirchen haben darauf richtig reagiert und suchen bis heute nach sinnvoller Gestaltung und Rettung des Herrentages. <u>Eine</u> bedenkenswerte Empfehlung zielt auf die bewusste Einübung, 12 Stunden über nichts und niemanden zu schimpfen. Wie befreiend könnte diese Übung auf unsere Gemeinschaft in Haus und Familie, in Beruf und Büro, im Straßenverkehr oder im Verein ausstrahlen, wenn wir sie in den nächsten Monaten wenigstens hie und da beherzigen könnten. Damit würden wir zu erkennen geben, dass uns die Erhaltung eines kostbaren Wertes in unserer Gesellschaft am Herzen liegt. Und: damit würden wir vor allem Gott die ihm gebührende Ehre geben. Amen.

Mt. 25, 31-46

Vorletzter Sonntag des Kirchenjahres, 16. November 2003

St. Susannae/Plech

Liebe Gemeinde!

Das Ende des Kirchenjahres gilt dem Gedenken an unser Ende. Tod, Gericht und ewiges Leben sind die Themen, denen wir so gern ausweichen möchten. Persönlich werde ich manchmal schon im Hochsommer daran eindrücklich erinnert, wenn ich in den Ferien nach Burgund fahre. Genau im Zentrum der mittelalterlichen Stadt Beaune in dieser reizvollen französischen Landschaft steht ein altehrwürdiges, dabei großzügiges Altersheim, dessen leuchtende Fassade fast den Wunsch aufkommen lässt: hier möchte ich meinen Lebensabend verbringen, Man kann sich kaum vorstellen, dass hinter dieser Fassade abgeschobene Menschen leben. In einem der Säle, die für die Öffentlichkeit zugänglich sind, holt den Besucher die Betroffenheit ein. An einer Wand steht das überdimensionale Gemälde eines niederländischen Malers aus dem 15. Jahrhundert mit der erschütternden Darstellung des Jüngsten Gerichts. Gott Vater hebt die Hände zum Gericht – in der Linken hält er das Schwert, in der Rechten eine Lilie. Vor ihm ist der Erzengel Michael dabei, die Seelen der auferstandenen Toten zu wiegen. Was wird eigentlich gewogen? Offensichtlich die Last der Schuld, der Verfehlungen und Versäumnisse, weil aus der gesenkten linken Schale nackte Gestalten in den Rachen der Hölle hinabsteigen. Neben der erhobenen Schale ziehen prächtig Gekleidete ins Paradies.

Die ergreifend-schockierende Schilderung hat die Betrachter in früheren Jahrhunderten so aufgerüttelt, dass ein zweiter Maler die drastischen Hölleneinblicke einfach übermalte. Erst seit 40 Jahren ist der Urzustand wieder hergestellt. – Mein Leben wird dereinst im Gericht Gottes gewogen! Ein Gleichgewicht der Waage wird es für mich wohl nicht geben.

Nach welcher Seite wird die Waagschale vor den Augen Gottes ausschlagen? Kann ich überhaupt etwas in die Waagschale werfen, die zum Einzug in das Reich Gottes ausschlaggebend ist? Oder anders gefragt: Kann man diese Vorstellung einer zum Gottesdienst versammelten Gemeinde vorlegen? Gott tritt –- unerträglich genug – zur Scheidung der Menschen, ja der ganzen Menschheit an, um wie der Hirte zur Abendzeit die weißen von den schwarzen Schaffen zu trennen. Zu allen Zeiten sind Menschen, die uns im Tod vorausgegangen sind, vor diesem Bild des göttlichen Gerichts geflohen – so auch wir!

Vier zurecht gemachte Überzeugungen können uns verdeutlichen, wie dieses Gericht Gottes verdeckt oder überhaupt verneint wird: Wer hier arm und leidend ist, wird im Jenseits, in dem Gott eindeutig das Sagen hat, belohnt. Das Gleichnis vom reichen Mann und armen Lazarus steht hier Pate. Der Arme lebt im Schoß Abrahams, der Reiche hat sein gutes Teil schon im Diesseits aufgebraucht. Wer diese Aussicht auf Entschädigung einem Armen mitgibt – und sonst nichts - , verschleiert das Gericht Gottes. Zum zweiten: Es gibt Menschen, die sich das Umgekehrte zurecht legen: Mein Erfolg auf dieser Erde ist ein Kennzeichen für mein Ansehen bei Gott auch über den Tod hinaus. Dies heißt nichts anderes als dem Gericht Gottes vorgreifen. Zum Dritten: wieder andere halten es mit dem Worte Goethes: „Alle Schuld rächt sich auf Erden!“ Das gilt offensichtlich nur für andere, nicht für mich. Es stimmt ja höchstens dort, wo wir nachträglich die Bestätigung für diesen Satz bei Menschen unserer Umgebung finden. Schließlich: Wieder andere, wie eine von mir sehr geschätzte Lehrerin, trösten sich mit dem Gedanken, dass sie nach ihrem Tod in einem anderen Menschen zurückkehren, um Fehlentscheidungen und Versäumnisse zu korrigieren. Nein – auch hier wird das Gericht Gottes im Grunde geleugnet.

Die Tatsache steht dagegen, dass wir nur **eine** Lebenszeit haben – und diese ist kostbar.
Nochmals nein, an der Tatsache des göttlichen Gerichts kommen wir nicht vorbei. Auch nicht darum, dass unsere Lebenszeit einmalig und bemessen ist – so einmalig und endgültig, dass nicht einmal dem Reichen im Evangelium gestattet wird, einen Boten zu seinen Verwandten herüberzuschicken, um sie zu warnen. Sie haben Mose und die Propheten, heißt es kurz und bündig! – also klare Weisungen! Im Kirchenlied heißt es: „O weh dem Menschen, welcher hat/ des Herren Wort verachtet/ und nur auf Erden früh und spat nach großem Gut getrachtet...“. Daran ändern auch nichts die Berichte, die uns von Menschen in höchster Todesnot überliefert sind, wonach sie am Ende eines dunklen Tunnels von einer Lichtgestalt empfangen wurden, die nach ihrem Leben fragte. Es sind ja Berichte von noch Lebenden, die dort abbrechen, wo die Rückkehr in dieses irdische Leben wieder einsetzte. Noch einmal nein: Wir können keinen vorzeitigen Blick hinter den geheimnisvollen Vorhang erhaschen!
Wenn mit dem Tod eben nicht alles aus ist, sondern Gottes Gericht auf uns wartet, dann fragt sich, nach welchem Maßstab Gott Gericht hält. Die Antwort ist genauso eindeutig und unüberhörbar: Keiner kann sich in der Gerichtsverhandlung damit entschuldigen, nie etwas davon gehört zu haben oder auf mildernde Umstände warten. Für gerecht wird in diesem Gericht befunden, wer sein Leben für andere eingesetzt hat, wer Hungernde gesättigt, Fremdlinge beherbergt und Nackte bekleidet oder Gefangene besucht hat. Wer in seinem Leben die Augen davor verschließt, gehört in die linke Waagschale. So eindeutig dies in unserem heutigen Evangelium steht, so überraschend ist, dass die Gerechten nicht einmal von ihren guten Taten wissen. Sie stellen Rückfragen an Jesus: „Wann haben wir Hungernde gesättigt, Fremdlinge beherbergt...?“. Offensichtlich werden im Gericht Gottes vorzeigbare Taten nicht registriert, so wie in unserem Leben

einer das Bundesverdienstkreuz erhält. Es gibt nichts an uns, womit wir Gott beeinflussen könnten.

Der Blick auf das Gericht bei Gott ist eine Botschaft für unser Leben hier und heute: Jesus, der als Zeuge bei diesem Gericht auftreten wird, macht den Maßstab noch einmal deutlicher: „Was ihr getan habt einem unter diesen meinen geringsten Brüdern, das habt ihr mir getan, d.h. unser Leben erhält dann einen Sinn, wenn wir nicht nur der Not von Menschen unserer Umgebung standhalten, sondern hinter den Notleidenden den mitleidenden Christus erkennen. Jeder von uns, auch der geringste, ist so ein Christusträger.

Was heißt dies konkret? Wenn wir diesen Maßstab ernst nehmen, so will er uns vor allem kein schlechtes Gewissen machen. Die Not in dieser Welt ist übergroß und mit Händen zu greifen. Wir müssen nicht dauernd mit einem geöffneten Geldbeutel herumlaufen. Sicher: die Hungernden und Leidenden in dieser Welt dürfen uns nicht gleichgültig sein, auch wenn sie entfernt wohnen. Es gibt aber genug Hungernde in unserer unmittelbaren Umgebung – die nach ein wenig Verständnis, Rücksicht und geschenkter Zeit hungern. Ich denke an alte Menschen im Altersheim, die niemanden mehr haben, der sie besucht. Oft stehen sie sehnsüchtig am Eingang, weil sie jemanden erwarten, aber es kommt keiner. Nach dem Maßstab Gottes könnte dies für uns bedeuten, solche Menschen zu besuchen und etwas Zeit zu opfern. Das muss nicht schwer sein. Wir könnten dabei viel lernen, ihre Lebenserfahrungen abfragen, von ihren Enttäuschungen und Freuden ihres Lebens uns erzählen lassen. Wir ahnen manchmal nicht, wie wir mit etwas Zuhören und Freundlichkeit einem Menschen Mut zum Weiterleben machen.

Ein anderes Beispiel: Jesus weist uns an die Fremdlinge, die Ausländer in unserer Umgebung. Wir alle kennen die beschämenden Auswüchse der Ausländerfeindlichkeit in unserem Land. Vielen Einheimischen fehlt die einfache, aber heilsame Erfahrung, für längere Zeit im nichteuropäischen Ausland gelebt zu haben. Dann nämlich würden sich eine Reihe von Vorurteilen von selbst erledigen. Der Maßstab Gottes ist ganz eindeutig: auch der Ausländer ist ein Christusträger, auch wenn er dies für sich nicht einmal gelten lässt.

Es kommt auf den Wechsel des Blickwinkels an. Mit den Augen des an Christus Orientierten steht nicht dessen Fremdartigkeit im Vordergrund, sondern seine Würde, die er – nicht anders als wir – von Gott zugesprochen erhält. So kann uns Jesus anleiten, einen Ausländer ein wenig aus seiner Entwurzelung und Heimatlosigkeit herauszuholen. Dies kann ganz schlicht darin bestehen, ihm beim Ausfüllen schwer verständlicher Formulare behilflich zu sein oder ihn im einem Gespräch mit unserer Sprache vertraut zu machen. Der ausländische Mitbürger kann uns andererseits mit seiner Lebensart tatsächlich helfen, unseren eigenen Horizont zu erweitern. Nur ein Beispiel dazu: ein Inder hat mir in einem Gespräch vor Jahren ganz unvermittelt angezeigt, wie sehr wir Mitteleuropäer an unserem kleinen Leben hängen. Ich fragte ihn, ob er sich nicht vor Schlangen fürchte — meine Angst! Seine Antwort: Unsere Kinder gehen barfuss in die Reisfelder, dort sind viele Schlangen. Sollten sie an einem Schlangenbiss sterben, dann sind sie zwar tot, aber nicht verloren – kein Toter geht verloren, wir gehören alle zu einem Weltganzen!

Wenn ein Ausländer so den Blick auf unser eigenes Leben verändern kann, dann sollte sich ein Christ bewusst werden, bei all dem Guten, was er ihm zukommen lässt, dass wir alle Fremdlinge in dieser Welt sind. „Wir haben keine bleibende Stätte hier!“, heißt es im Hebräerbrief.

Ein Letztes: Heute ist Volkstrauertag. Wir gedenken der Toten der beiden Weltkriege und der jeweiligen Nachkriegszeit und können nicht vergessen, dass auch heute noch unsinnige Kriege geführt werden. Unser Leben wäre sehr arm, wenn wir das Gedenken an die Toten vergäßen, denn zu unserem

Leben gehört die Gemeinschaft der Lebenden <u>und</u> der Toten. Vielleicht ist es gut, darüber nachzudenken, über der Trauer um unsere Toten, wie sie den Maßstab Gottes in ihrem Leben verwirklicht haben. Das sind wir ihnen schuldig.

Vieles davon können wir nicht mehr zurückholen oder ungeschehen machen, aber immerhin stehen wir bei diesem Nachdenken vor der ureigensten Frage an uns: was wäre mein Leben wohl vor Gott wert, wenn es heute oder morgen zu Ende ginge. Wohl dem, der dann sagen kann: vielleicht habe ich dazu beigetragen, dass dieser oder jener das Leben weiter gewagt hat. Vielleicht: dass dieser oder jener durch mich – und das wäre das Schönste - auf Christus aufmerksam geworden ist. Auch dies gehört dazu: Was haben unsere Toten in ihrem Leben eingesetzt, dass wir leben können?

Das heutige Evangelium ist ein Aufruf an unser Leben. Als im Jahre 1991 der erste Golfkrieg ausgebrochen ist, waren die Kirchen voll. Leitete uns dabei die Angst davor, dass es unserem Wohlstand an den Kragen geht? – Hoffentlich nicht. Über ein Jahrzehnt später, Im Frühjahr 2003, beim zweiten Krieg in dieser Region mit seinen bis heute katastrophalen Folgen blieben unsere Bittgottesdienste aus.

Der Maßstab Gottes heißt: Sehen wir mit unseren Möglichkeiten zu, in anderen Menschen den Christusträger zu sehen. Nach diesen wahrgenommenen oder liegen gelassenen Möglichkeiten werden wir bei Gott gefragt. Wenn dieses unausweichliche Gericht angesagt ist, wie können wir bestehen? Wir kennen den Maßstab Gottes. Unsere Hoffnung steht darin, dass Jesus, der dereinst Zeuge in diesem Gericht sein wird, seinem Vater ins Schwert greift und die Lilie hochhält – als Zeichen der Versöhnung. Diese Hoffnung über diesen Sonntag hinaus wünsche ich uns allen! Amen.

Micha 6. 6-8

22. Sonntag nach Trinitatis (Reformationstag), 30. Oktober 1983

St. Veit/Ottensoos (Dekanat Hersbruck)

Reformationstag war bestenfalls im 19. Jahrhundert und bis etwa 1917 als eine Art Heldengedenktag denkbar. Und wir können sagen Gott sei Dank ist dies Vergangenheit! Wir gewöhnen uns langsam daran, von Luthers Person am Gedächtnistag wegzugehen und uns darauf zu konzentrieren, wie Luther mit Gott, mit der Botschaft der Heiligen Schrift gerungen hat. Und: wie Luther seine „lieben Deutschen" leidenschaftlich dafür begeistern wollte.

Heute ist Sonntag – und als hörende Gemeinde auf die biblische Frohbotschaft sind wir zusammengekommen. Luther wäre sicher nicht angetan – ganz abgesehen von den inzwischen überbordenden Feierlichkeiten zu seinem 500. Geburtstag -, wenn wir ihn selbst zu sehr in den Mittelpunkt stellten. Denn von sich selbst hat er wenig Aufhebens gemacht. „Ich armer, stinkender Madensack...", konnte er von sich sagen, gerade wenn die Ehre Gottes auf dem Spiel stand. Er würde sich aber bestimmt freuen, wenn wir uns mit ihm heute und in Zukunft auf das Wort der Heiligen Schrift mit größerem Vertrauen als bisher einlassen würden. Denn als intensiver Hörer des Wortes Gottes ist uns Luther bis heute Vorbild.

Dies kann man nicht besser verdeutlichen als durch einen Bildvergleich. Sie alle kennen das berühmte Bild von Matthias Grünewald: die Darstellung der Kreuzigung Jesu auf dem Isenheimer Altar. Johannes der Täufer am Fuß des Kreuzes, mit einem überlangen Zeigefinger deutet er auf den leidenden und sterbenden Christus. Wie Johannes will Luther bis heute auf den gekreuzigten Christus verweisen, wenn es um unser Leben geht. Zum Vergleich das Altarbild in der Stadtpfarrkirche zu Wittenberg. Luther weist von der Kanzel aus die hörende Wittenberger Gemeinde auf den gekreuzigten Christus. Er weist von sich weg auf den gekreuzigten und mitleidenden Christus. So und nicht anders wollen wir Luther zur Sprache bringen, denn sein größter Wunsch wäre auch

heute, dass wir das Gespräch zwischen Mensch und Gott lebendig und offen halten.
Wie aber soll sich der Mensch vor Gott sehen? – eine uralte Frage, die sich immer wieder zu überdenken lohnt. Dazu wollen wir mit Luther auf einen Text aus dem ersten Testament hören:

Womit soll ich den Herrn versöhnen, mich bücken vor dem hohen Gott? Soll ich mit Brandopfern und jährlichen Kälbern ihn versöhnen?
Wird wohl der Herr Gefallen haben an viel tausend Widdern, an unzähligen Strömen Öl? Oder soll ich meinen ersten Sohn für meine Übertretung geben, meines Leibes Frucht für die Sünde meiner Seele?
Es ist dir gesagt, Mensch, was gut ist und was der Herr von dir fordert, nämlich Gottes Wort halten und Liebe üben und demütig sein vor deinem Gott.

So einfach ist dies also – seit fast 3000 Jahren wird uns Menschen von Gott durch den Propheten Micha gesagt, was gut ist: Gottes Wort halten – Liebe üben – demütig sein. Und doch sind wir unzufrieden mit der Antwort, weil wir jetzt immer noch nicht genau wissen, was wir handfest, konkret tun sollen. Was ist gut für mich, was ist gut für uns?
Auf diese Frage würde wohl jeder von uns eine andere Antwort geben: Gut für mich: viel Geld, Reichtum, viel Bequemlichkeit, Ansehen, viele Freunde – oder: viel Ruhe und Gelassenheit, Humor, viel häuslicher Friede. Wir würden wohl alle eine Antwort geben, die unseren Egoismus nur zu deutlich ans Licht brächte. Was ist gut für mich, ganz abgesehen von meinen Mitmenschen, ganz abgesehen von Gott?
Wie das Volk Israel zur Zeit des Micha sind wir heute unseres Gottes müde geworden. Fragen wir uns einmal ganz ehrlich, wie stark wir in unserem Leben mit Gott rechnen oder in der Vergangenheit gerechnet haben. Dann wird herzlich wenig herauskommen: bestenfalls kam Gott dort ins Spiel, wo es um negative Ereignisse ging, um Unfall, Unglück oder Tod. „Hier hat unser Herrgott zugeschlagen!“ ist die landläufige Meinung. Also, Gott soll nach

unserer Vorstellung nur dort zuständig sein, wo unser Leben bedroht ist, in eine Katastrophe abdriftet? Handelt denn Gott heute nicht mehr so, dass wir erstaunen, positiv überrascht sind und uns wundern können? Liegt dies an Gott oder an uns selbst?

Bevor wir Gott anklagen, dass er sich bei uns vielleicht nicht mehr so wunderbar meldet, müssen wir zunächst und ehrlicherweise fragen, ob wir unsere Sinne genug geschärft haben, um die Wunder Gottes in unserem Leben und um uns herum wahrzunehmen. Ich vermute, dass wir in unserem Egoismus, mit all unserem schier unstillbaren Durst nach materiellen Gütern – überhaupt dort, wo es gilt, nicht zu kurz zu kommen, die Antenne zu Gott abgebrochen haben. Wir sind, wie Martin Luther zeitlos gültig sagt, in uns gekrümmt, viel zu sehr mit uns beschäftigt. Und darum wollen wir von ihm nichts wissen. Wir tricksen uns gegenseitig aus, bilden uns viel ein – worauf eigentlich? – suchen unseren besten Vorteil und lachen verächtlich über andere. Keinen Zentimeter sind wird in unserem Zusammenleben weitergekommen als die Menschen zur Zeit Jesu oder zur Zeit Martin Luthers. Wenn dieses Leben dann nicht so gelingt wie wir uns dies vorstellen, dann, ja dann wird Gott zitiert und angeklagt. Das Jahrhunderte alte Spiel. Wir sind die Alten geblieben!

Und schon stehen wir in einer Szene drin, die der Prophet Micha vor dem Volk Israel aufbaut. In einer großangelegten Gerichtsverhandlung tritt diesmal Gott gegen sein unzufriedenes Volk auf. Die Natur, der ganze Kosmos soll Zeuge dieses Streites sein, wenn ER gegen die Menschen antritt. Diese Szene ist bis heute geblieben – mit einem Unterschied: In einer Zeit der Umweltzerstörung, die uns Menschen als rücksichtslose Beherrscher, als Vertreter des „Nach-uns-die-Sintflut“ und weniger als Verwalter oder Pfleger offenbart, tritt die Schöpfung Gottes als Nebenklägerin auf!

In dieser Gerichtsszene hört sich Gott wohl einige Zeit die Beschwerden seiner Geschöpfe an, aber er dreht den Spieß langsam um: Bevor du Mensch mit deinem Gott streiten willst, musst du ganz von vorne anfangen. Überdenke dein

ganzes Leben und nimm dir bei deiner Rückbesinnung Zeit. Denke dabei nicht nur an die schmerzlichen Erfahrungen, an Krankheiten und Niederlagen.
Ist es nicht so, dass wir dann auch von vielen kleinen Wundern in unserem kleinen Leben sprechen müssen – angefangen vom Wunder unserer Geburt, von der Genesung aus langer Krankheit, von neuem Lebensmut, der uns ungeahnt das Leben weiterziehen ließ. So wie sich das Volk Israel die großen Taten Gottes seit dem Auszug aus Ägypten in Erinnerung ruft, so sollen wir Gott nachschauen. Und im Rückblick können wir tatsächlich, zaghaft zunächst, dann immer deutlicher, „Gott nachschauen". Vielleicht geht uns auf, dass Gott auch in schweren Stunden nahe war, nur merken wir es oft viel später. Warum vergessen wir dies so leicht?
Wer sich so Gott langsam annähert, dem geht allmählich auf, dass es mehr Wunder in seinem Leben gibt als wir vordergründig ahnen. Möglicherweise gelingt am Ende die große Erkenntnis: Es ist nichts, aber auch gar nichts in meinem Leben selbstverständlich. Es ist umsonst, dass ich meine eigenen Leistungen hervorhole, denn umsonst bin ich von Gott angenommen. Dies ist die frohe Botschaft, die Martin Luther uns aus der Heiligen Schrift immer wieder zurufen will: umsonst dürfen wir vor Gott so sein, wie wir sind.
Über unsere Generation werden die Nachfahren vielleicht einmal das Motto stellen: „Ein Volk von Kriegern", das sein Streben danach ausgerichtet hat, was es „kriegen" kann, was gewinnbringend herausspringt. Die Grundlagen für unser Leben, die Voraussetzungen für unser Tun, die kriegen wir geschenkt. Dies wäre dann der rechte Sinn einer Reformationsfeier, wenn wir uns eingestehen würden: Vor Gott dürfen wir mit leeren Händen antreten. „Wir sind Bettler vor Gott" – so sagte Luther noch auf seinem Sterbebett. „Was hast du Mensch, dass du nicht empfangen hättest?", mahnt der Apostel Paulus im Römerbrief.

Umsonst, d.h. ohne Leistungsnachweis, darf ich vor Gott so sein wie ich bin, mit meinen Fehlern und Schwächen, ich muss mich nicht verstecken. Welch eine

Befreiung und Entlastung für unsere Seelen! Dazu gehört viel Vertrauen. Luther hat dies so unübertroffen in seinem Großen Katechismus gesagt: „Das Trauen und Glauben des Herzens macht beide – Gott und Abgott. Denn wo du nun dein Herz hinhängst und dich verlässt, da ist eigentlich dein Gott“, und weiter: „Der Mensch sucht Hilfe, Trost und Seligkeit in eigenen Werken, er vermisst sich [d.h. er maßt sich an], Gott den Himmel abzuringen, als wolle er von ihm nichts geschenkt annehmen“. Die Probe aufs Exempel greift schon im alltäglichen Leben. Da macht sich ein Mensch auf, einem anderen aus lauter Freude ein Geschenk zu machen. Und wie reagiert der Beschenkte? Er schätzt vielleicht den Wert des Geschenkes ab und sucht nach einer schnellen Gelegenheit zu einem gleichwertigen Gegengeschenk.

Der Gerichtsprozess mit Gott erfährt bei Micha eine peinliche Wende. Einer der Gottes Handeln in seinem Leben neu entdeckte, fragt sich nun ernsthaft: Wie kann ich mich Gott nähern? –Und ihm fallen Leistungen ein! Soll ich vielleicht ein Kalb schlachten für Gott, viel köstliches Öl opfern oder – peinlich genug – mein erstgeborenes Kind drangeben? Wie grausam. Nein, so sagt Micha, weil wir uns immer noch nicht klargemacht haben, wer Gott für uns sein will. Er will keine Leistungen, die Beachtung genauer Vorschriften oder eine besonders fromme Haltung. Gott will etwas viel einfacheres: dass wir uns als seine Geschöpfe begreifen innerhalb seiner wunderbaren Schöpfung und ihn in seinen Mitgeschöpfen ehren.

Erst jetzt verstehen wir, dass das, was gut ist, in der Heiligen Schrift eben nicht mit Einzelvorschriften aufgelistet wird. Wer sich Gottes frohe Botschaft über uns Menschen gefallen lässt, wird Phantasie entwickeln, Gemeinschaft mit anderen zu suchen, die uns brauchen, dann demütig sein, d.h. sich nicht allzu wichtig zu nehmen. Gesunde Selbsteinschätzung nennen dies heute die Psychologen.

Dies wäre schließlich der echte Gewinn aus einer Reformationsfeier: Gott bei uns mehr zuzutrauen und auch bei anderen Menschen, uns gegenseitig mit den

Augen Gottes sehen zu lernen, nicht mit Hass, Missgunst oder Neid. Welch dankbare Lebensfreude müsste nicht bei uns allen aufbrechen, wenn wir uns mit Luther unter das Kreuz Christi stellten und schlicht sagten: „Wir sind Bettler vor Dir, o mein Gott". Was werden wir von heute an aus dieser Einsicht machen? Amen.

2. Kor. 5, 10

Letzter Sonntag des Kirchenjahres, 23. November 2008

St. Bartholomäus/ Pegnitz

Liebe Gemeinde!

Mein Leben wird dereinst im Gericht Gottes gewogen? Ein Gleichgewicht der Waage wird es wohl für mich wie keinen anderen geben – oder doch? Könnte ich überhaupt etwas in die Waagschale werfen, die zum Einzug in das Reich Gottes ausschlaggebend ist? Oder anders gefragt: Kann man diese Vorstellung einer zum Gottesdienst versammelten Gemeinde vorlegen? Zu allen Zeiten sind Menschen, die uns im Tod vorausgegangen sind, vor diesem Bild des göttlichen Gerichts geflohen.

Tod, Gericht und ewiges Leben. Ein Leben lang werden wir mit diesen Themen nicht fertig. Der Tod allein schon kommt selten zur rechten Zeit, immer eigentlich zur Unzeit. Selbst für Hochbetagte, am unerträglichsten, wenn ein junger Mensch zu früh gehen muss und Narben der Trauer ein Leben lang bei seinen Eltern zurücklässt.

Die Narben der Trauer um unsere Verstorbenen brechen besonders in den trüben Novembertagen wieder auf, wo die sterbende Natur manche Schwermut begleitet. Und doch ist es gut und heilsam, an solchen Tagen an Tod, Gericht und ewiges Leben zu erinnern, weil sie zu unserem Leben gehören – der Tod am aller Ersten.

So wollen wir heute Morgen einen einzigen Satz bedenken, den wir bei Paulus im 2. Korintherbrief, Kap. 5 lesen: *Wir müssen alle offenbar werden vor dem Richterstuhl Christi.* In einer für heutige Ohren fast unverständlichen Sprache stellt der Apostel in Bildern das irdische Leben dem ewigen Leben gegenüber: er spricht von der baufälligen Hütte, die es nicht lohnt, sich auf Dauer darin einzurichten, weil wir als Pilger hier keine bleibende Stätte haben. Das wissen wir längstens, aber es ist uns nicht immer bewusst. In der Ewigkeit wartet auf uns die Heimat bei Gott, ausgedrückt mit dem Bild eines soliden Hauses – und eben auch der Richterstuhl Christi.

Wir müssen alle offenbar werden vor dem Richterstuhl Christi! Wie können wir diese Vorstellung mit unserem Leben als Menschen des 21. Jahrhunderts – eben nicht des Mittelalters – zusammenbringen?

An drei Beispielen wollen wir uns herantastend klar machen, wie sich diese feste Überzeugung des Paulus auch bei uns verankern ließe. Vielleicht könnte daraus eine Grundhaltung werden!

Wenn wir vor diesem Richterstuhl offensichtlich die Bilanz vorlegen sollen über unser Leben, das Gute wie das Misslungene vorzubringen haben, dann müssten wir eigentlich ganz vorsichtig sein – hier und heute – mit jedem lieblosen und vorschnellen Urteilen über andere. „Richtet nicht, auf dass ihr nicht gerichtet werdet!“ so heißt es bei Matthäus. Denn für jeden von uns gilt: manches in unserem Leben gelingt, manches geht daneben, manches ist sicher vorzeigbar, anderes erweist sich als Fehlentscheidung. Neben den Erfolgen stehen schmerzliche Rückschläge oder Niederlagen. Es ist allein Gott, der das Leben auf geraden und krummen Wegen begleiten will. Wem außer Gott stünde daher ein Urteil über das von ihm geliehene Leben zu? Es ist manchmal erschütternd mitzuerleben, wie gedankenlos und herzlos Zeitgenossen in der Biographie eines Mitmenschen herumblättern und die Schattenseiten gerade bei anderen nicht vergessen wollen. Mit den eigenen Macken oder Niederlagen gehen wir viel gnädiger um. Dabei wäre die Erkenntnis doch ganz einfach: jeder von uns hat seine guten Seiten und wir alle könnten dazu beitragen, dass die Schatten in der Seele unserer Mitmenschen kürzer werden.

Ich denke sehr oft an eine alte Rektorin aus meiner Jugendzeit, die hochbetagt in einem Nürnberger Seniorenheim gestorben ist. So oft ich sie besuchte, sprach sie immer nur von den guten Fähigkeiten unserer gemeinsamen Bekannten. Sie hatte es sich schlicht zur Gewohnheit gemacht, nur Gutes zu reden und auch zu tun. Sie ist darüber dankbar und bescheiden geblieben.

„Wir sollen Gott fürchten und lieben, dass wir unseren Nächsten entschuldigen [eben nicht beschuldigen], Gutes von ihm reden und alles zum Besten kehren". So heißt es bei Martin Luther in der Auslegung zum 8. Gebot. Nie habe ich diese Rektorin mürrisch oder hadernd erlebt. Und – als ihr Radius jenseits des neunten Lebensjahrzehntes immer kleiner geworden ist, konnte sie sich immer noch freuen wie ein Kind über die Farben der Blumen oder die Vögel vor ihrem Fenster. Sie hatte tatsächlich ein erfülltes Leben, gefüllt mit Güte, Bescheidenheit und Gelassenheit. Ob dies auch für uns eine Möglichkeit wäre zur Strukturierung unserer Lebenstage – vor, möglichst weit vor dem Tod?

Die Vergänglichkeit unseres Lebens kann uns auch an einer ganz anderen Stelle überfallen oder vielleicht auch wachrütteln: im Umgang mit Geld und den Gütern dieser Welt. Nein, man muss hier nicht an die ungeheuren Geldsummen denken, die weltweit in den Monaten der Bankenkrise zu Pulver geworden sind. Drastisch dazu der Vergleich in der Bergpredigt im Matthäusevangelium. Ein Wort gegen das Horten! Motten, Rost und Diebe können über irdische Schätze kommen. Wer viel von diesen Schätzen hat, kennt zwar vordergründig keine Sorgen, aber Angst um diesen materiellen Reichtum bleibt ihm nicht erspart. Sein Seelenfrieden ist gefährdet, weil er schlecht loslassen kann. Wie viel Gutes kann aber mit Geld geschehen, wenn ein Mensch tatsächlich loslassen kann, wenn er das Teilen angesichts der Ewigkeit Gottes sich zu eigen macht. Daraus können dann Schätze im Himmel entstehen.

Der reiche Kornbauer starb nicht an seinem Reichtum - nichts dagegen - sondern an seiner Maßlosigkeit und seinem Egoismus. Ohne Gott und ohne den geringsten Seitenblick auf die Menschen seiner Umgebung hat er sich zu sicher gefühlt in dieser ungesicherten Welt eingerichtet. Dieses Gleichnis vom reichen Kornbauern hat vor einigen Jahren bei einem meiner Bekannten in einer handeltreibenden Großstadt Bayerns einen guten Nachklang erfahren: Eines Tages, so erzählte er mir, gingen ihn seine erwachsenen Kinder mit der Bitte an, ob er nicht sein Geld schon zu seinen Lebzeiten mit ihnen teilen würde. Er besprach sich darüber mit seinem besten Freund, der ihn allerdings warnte: „Mein Lieber, zieh Dich nicht ganz aus, bevor Du dich hinlegst!" Die Stimme der Vorsicht oder der Macht über andere? Dabei wäre der volkstümlich gewordene Rat ohnehin nur dann logisch, wenn wir genau wüssten, wann genau unser Stündlein schlägt. Nach längerer Bedenkzeit fiel dem Bekannten zum Glück oder Gott sei Dank – wie er nachträglich meinte – ein anderes Lebensmotto ein, das er oft von seiner Großmutter gehört hat: „Unser letzter Kittel hat keine Taschen!" Wir können nichts hinausschaffen aus dieser Welt. Zudem hat das Wort aus der Bibel von den Schätzen im Himmel den letzten Anstoß gegeben, dass er im wahrsten Sinn des Wortes loslassen konnte.

„*Wir müssen alle offenbar werden vor dem Richterstuhl Christi*!" Was heißt dies im Hinblick auf unseren ureigenen Tod. Wir können uns die Worte des italienischen Journalisten Tiziano Terzani zu eigen machen, der im Jahre 2004 von der Diagnose eines Krebsleidens im Alter von 67 Jahren – allerdings nur kurzzeitig – überrascht worden ist. Viel Zeit nahm er sich daraufhin, mit seinem Sohn über sein Leben zu reden. Was er über den Tod dachte, lässt sich in dem von seinem Sohn herausgegebenen Buch nachlesen. Es trägt den Titel: „Das Ende ist mein Anfang":

„Der letzte Akt des Lebens, den man Tod nennt, macht mir keine Angst, denn darauf habe ich mich vorbereitet. Ich brauche nicht zu sagen: ‚Ach, wie gern hätte ich noch ein bisschen Zeit, um dies oder jenes zu tun'. Was ist es, was uns am Tod ängstigt? Der Grund, warum wir solche Angst vor dem Tod haben, ist, dass wir plötzlich auf alles verzichten müssen, woran unser Herz hängt, unseren Besitz, unsere Wünsche, unsere Identität. Wenn du schon im Leben lernst zu sterben, dann gewöhnst du dich daran, vergängliche Werte loszulassen."

<u>Eine</u> Frage ist offen geblieben. Was geschieht, wenn wir vor dem Richterstuhl Christi erscheinen? Dieser Jesus, den Gott am Kreuz durch Leiden und Tod hindurch getragen hat zum ewigen Leben, hat den Weg zu Gott auch für uns frei gemacht. Christus richtet wieder auf, was er mit seinem Leiden besiegelt hat:

wir sind Gott recht. Oder noch einmal anders mit einem hoffnungsvollen Gedanken für unsere Zukunft über das irdische Leben hinaus: Christus wird den Urzustand wieder herstellen – zwischen Gott, den Menschen und den leidenden Kreaturen. Ist das nicht Grund genug, barmherziger, achtsamer und ein wenig angstbesetzter auf unser Leben und das Leben unserer Mitmenschen vor dem Tod zu sehen? Amen.

Pred. Salom. 1, 18

Schulanfangsgottesdienst des Gymnasiums, 14. September 2000

St. Bartholomäus/ Pegnitz

Liebe Schulgemeinde!

Beim Herantasten an dieses merkwürdige Wort drängten sich mir einige private Bilder aus den leider schon wieder vergangenen Ferien auf. In den letzten Wochen war ich fleißig dabei, mich in der Kunst der Miterziehung kleiner Kinder einzuüben. Dazu gehörte das wiederholte Anschauen eines Kinderbuches, das der zweijährige Nachbar Johannes zu seiner Lieblingslektüre erkoren hat. Der Inhalt ist schnell erzählt: Ein Elefant trabt schwerfällig durch den Wald, begleitet von einer Schar übermütiger Affen. Plötzlich kommt der Elefant an einen Bach, über den eine schmale Brücke führt – zu leicht für den Dickhäuter. Ein bebrillter Mann taucht auf, er hebt den Zeigefinger und will den Elefanten vor dem Betreten der Brücke warnen. Der Elefant lässt sich von dem Zeigefinger nicht beirren. Prompt kracht er mit der Brücke ins Wasser. – Die zweite Szene: In einem Bilderbuch über Afrika wird eine Schulklasse gezeigt mit schreibenden und lesenden Kindern. Klein-Johannes hat nach mehrmaligem Anschauen und Erklären begriffen, dass der Lehrer an der Tafel schreibt. Eines Tages, als ich wissen wollte, wer denn da an der Tafel schreibt, sagte er „Du-Du-Mann“ und erhob dazu gestenreich den Zeigefinger – das Wort „Lehrer“ wäre auch zu schwer auszusprechen gewesen.

Ich ahnte: aus der Verwechslung mit zwei Büchern entstand im Kopf von Klein-Johannes ein Vorurteil: der Lehrer ist ein Mann, der schimpft und mit erhobenem Zeigefinger arbeitet. Dass ich selbst zu den „Du-Du-Männern“ gehöre, wird er nicht wahrnehmen, weil er mit mir einen relativ vertrauten Umgangston pflegt.

Mir geht an dieser Szene auf, wie unser Bibelwort auch verstanden werden könnte: Wer viel lernt, muss viel leiden, weil er es mit Lehrern zu tun hat, die den Zeigefinger heben, Leistungen einfordern und Noten verteilen. Es heißt ja leider nicht: Wer viel lernt, wird viel Lob ernten. Dass sich die einseitige Festlegung des Lehrers auf ein bestimmtes negativ gefärbtes Bild bei Schülern bis zum Abitur durchhält, kann man manchmal in Abiturzeitungen lesen. Dieser oder jener Lehrer war zunächst Mensch und dann erst Lehrer – welch ein Unsinn. Wie kann man den Lehrer vom Menschen trennen? Jeder Mensch, der Lehrer wie der Schüler, ist eine unverwechselbare Persönlichkeit mit ganz besonderen, nur ihm eigenen Merkmalen. Oder biblisch gesprochen: Jeder von uns ist ein einmaliger Gedanke Gottes, auch wenn Mitmenschen andere Gedanken über uns haben. Beim Lehrer kommt dazu, dass er ein Leben lang den Schüler mit sich herumträgt, der er einmal gewesen ist. Ob dies Konsequenzen für seine pädagogische Tätigkeit hat?

Eine dritte Szene: ich lese gern Reiseberichte, vor allem über afrikanische Länder, solange ich mir den Wunschtraum nicht erfüllen kann, selbst einmal nach Afrika zu fliegen. In einem dieser Berichte ist von der Schulsituation in Kamerun die Rede. Als der Reporter einen Bauern aus dem dortigen Hochland fragt, warum er seine Kinder nicht in die Grundschule schicke, kam die überraschende Antwort: Warum soll ich sie in die Schule schicken? Woher will ich wissen, ob meine Kinder bei einem täglichen Fußmarsch von 10 Kilometern wirklich in die Schule gehen? Zudem lernen sie dort ja nicht die Fähigkeiten, die zur Bestellung unserer kärglichen Felder nötig sind!“ – Wer nicht viel lernt, muss nicht viel leiden, weil er unnützes Wissen umgehen kann, so möchte man vorschnell folgern.

Vielleicht ist der eine oder andere Schüler jetzt unter uns, der mit Angst und Bangen an die nächsten neun Monate denkt. Die Paukerei...der Stress...hoffentlich habe ich heuer nicht diesen oder jenen unnahbaren Lehrer, der wenig Humor versteht. Vielleicht wünscht sich mancher jetzt einen Vater wie den gehörten afrikanischen Bauern. Aber was hilft's! Wir sind ja alle auch

geprägt von dem Ehrgeiz unserer Eltern mit uns: „Ohne Fleiß keinen Preis“, hört der Fünftklässler. „Wissen ist Macht“, der angehende Abiturient.
Aber bei all dem Gesagten würden wir unseren biblischen Text gründlich verdrehen. Was kann der unbekannte Weisheitslehrer, der vor 2300 Jahren gelebt hat, mit dem Satz gemeint haben: *Wer viel lernt, muss viel leiden*?
Dieser Mann hat sein Leben lang mit Lernen aus Büchern zugebracht, und doch hadert er. Er weiß sehr viel, aber er ist irre geworden an dem Glauben, dass derjenige ein glückliches Leben führen kann, der viel lernt. Alles ist eitel! Alles Lernen verläuft in einem ewigen Kreislauf und Gleichmaß. Nichts können wir mit unserem mühsamen Arbeiten und Lernen im Leben ändern – so seine frustrierende Erkenntnis. Bis in das letzte Kapitel seines biblischen Buches hinein redet er von dem menschlichen Tun als „Wind“. Der vorletzte Satz darin ist fast geläufig geworden: „Mein Sohn, hüte dich vor anderem mehr, denn viel Büchermachens ist kein Ende, und viel Lernen macht den Leib müde“.
Sehr schnell wird uns deutlich, was der Weisheitslehrer mit seinem Wort: *wer viel lernt, muss viel leiden* sagen will, wenn wir den letzten Satz aus dem 12. Kapitel mitbedenken: „Lasst die Hauptsumme aller Lehre hören: Fürchte Gott und halte seine Gebote, denn das steht allen Menschen gut an“. Auf die Schule bezogen: den Lehrern wie den Schülern.
Also nicht das Lernen an sich schafft Leiden, sondern ein Lernen, bei dem die Gottesfurcht fehlt. Und dies müssen wir uns alle sagen lassen. Wer nur für sich lernt, nur seinen eigen Fähigkeiten traut, wird einsam. Er läuft Gefahr, als Außenseiter abgestempelt zu werden, als Streber und Sonderling. Was fehlt eigentlich? Was fehlt, ist ein bestimmtes Klima, nämlich die Gemeinschaft. Nicht umsonst bedeutet das hebräische Wort in unserem Text nicht nur „Wissen“, „Können“, sondern auch „Vertrautsein“ und „Gemeinschaft“. Und diese Gemeinschaft müssen wir zu Beginn eines neues Schuljahres neu aufnehmen und einüben. Es ist eine Gemeinschaft zwischen Eltern, Lehrern und Schülern.

Das Klima entscheidet über den Wert des Lernens. Kein Lehrer hätte wohl den Beruf eines Pädagogen gewählt, wenn er nicht Freude am Umgang mit jungen Menschen hätte, an der vertrauensbildenden Gemeinschaft mit Schülern interessiert wäre. Dies sei den ängstlichen Schülern ins Poesiealbum geschrieben: Auch ein Lehrer ist sich im Klaren, dass er lebenslang ein Lernender ist. Je mehr man weiß, umso mehr Lücken unseres Wissens werden sich auftun. Das haben uns gerade die großen Physiker in der Zeit nach dem Zweiten Weltkrieg als Anstoß für unseren Wissensdurst mit auf den Lebensweg gegeben.
Zurück zu unserem Schulanfang. Echte Gemeinschaft wird uns dann gelingen, wenn wir alle dieses „Fürchte Gott und halte seine Gebote" ernstnehmen. Die Voraussetzung für alle Lehr- und Lerngemeinschaft ist unser Leben als unverfügbares Geschenk von Gott her. Dies ist Grund genug, am Beginn dieses Schuljahres Gott für dieses Leben zu danken und in der Ehrfurcht vor ihm die oft einengende, weil lähmende Furcht des Schülers vor dem Lehrer zu verscheuchen. Ob dieses auch für die Lehrkräfte gilt? Denn auch dies ist gar nicht so seltene Realität. Dass der Lehrer vor manchem Schüler sich fürchtet und sich dann – aus lauter Angst, sich eine Blöße zu geben – hinter der Mauer eines fordernden Gleichmaßes verschanzt, damit das wohlwollende Fördern zu kurz kommen lässt.
Mit den Augen Gottes gesehen ist der Lehrer nicht der „Du-Du-Mann" mit erhobenem Zeigefinger, wie mein kleiner Freund und Nachbar Johannes meint, sondern ein Partner. Er hat Schülern zwar einige Lebenserfahrungen voraus, aber in der Ehrfurcht vor Gott ist er auf gleicher Ebene in die Pflicht genommen. Wie befreiend könnte unsere Schulgemeinschaft in den nächsten Wochen und Monaten sich entfalten, wenn gerade davon neben Formeln und Vokabeln, Erörterungen und Experimenten in unseren Klassenzimmern die Rede sein könnte.

Zum Stichwort Lernen fällt mir schließlich ein bedenkenswerter Satz Jesu ein. Im Matthäusevangelium (Kapitel 11) lesen wir: „Nehmt auf euch euer Joch und lernt von mir. Denn ich bin sanftmütig und von Herzen demütig, so werdet ihr Ruhe finden für eure Seelen". Jesus will uns ablenken von unserem Selbsttun, er will uns zur Demut anleiten, eben zum Gegenteil von Hochmut und Einbildung. Man könnte auch sagen: wir sollten uns bei all unserem Tun nicht zu wichtig nehmen. Wir stehen im Dienst an Menschen, die nicht nur Köpfe, sondern auch Seelen sind.

So lasst und getrost und auch ein wenig freudig diese neue Lerngemeinschaft angehen, im Vertrauen auf Gottes Zusage, dass auch bei misslungenen Lernversuchen wir Gott immer noch unendlich wertvoll sind. Nur dann, wenn wir Gott aus den Augen verlieren, wird Lehren und Lernen zum Leiden, ja zur Qual.

Ich wünsche uns allen ein gesegnetes neues Schuljahr. Amen!

Mt. 25, 14-28

Schulschlussgottesdienst des Gymnasiums, 21. Juli 2003

Herz-Jesu/ Pegnitz

Meine heimliche Liebe gilt dem klassischen Latein, vor allem deswegen, weil ich nur im Kirchenlatein einigermaßen bewandert bin. In dieser herrlichen Sprache des antiken Roms gibt es ein Wort, das uns besser als die deutsche Bezeichnung klarmachen kann, was mit Ferien gemeint ist: „vacare" – so lesen wir im Wörterbuch - kann „leer", „ausgeräumt", „frei sein" bedeuten, dann auch „Muße oder Zeit haben"... für Dinge, die in Zeiten von Arbeit und Prüfungen zu kurz gekommen sind. Etwas salopp lässt sich mit Blick auf unsere Vorfreude auf Ferien heute morgen sagen: abgehakt.

Die Bilanzen in Form von Zeugnissen liegen gleich vor – ganz gleich, wie sie ausfallen werden, weil sie ja sowie so nur einen ganz kleinen Ausschnitt unseres Lebens spiegeln. In einer schlichten Nebenform „vacat" schwingt aber auch eine ganz andere Bedeutung mit: „es fehlt!" Wir könnten uns jetzt also auch fragen: Was hat gefehlt in diesem nun zu Ende gehenden Schuljahr, was ist zu kurz gekommen in unserer Lebensgemeinschaft zwischen Lehrern und Schülern auf dem Pädagogenhügel? Ja, was sind wir einander schuldig geblieben? Es ginge dann auch um Bilder, die wir nur schwer loswerden, um mehr oder weniger erfreuliche Begegnungen, die wir wegwischen und ungeschehen machen möchten. Wo ist – um ein Ferienbild vorwegzunehmen – der ballastschleppende Fluss wie die Rhône in Südfrankreich, die Steine und Schlamm in der Camargue und noch weiter draußen absetzt?

Bevor wir unsere Gedanken in einen biblischen Text schicken, will ich eine Szene vergegenwärtigen, die vordergründig wenig mit dem göttlichen Wort zu tun hat, aber andererseits auch nicht so düster ist, wie es den Anschein hat. Dieses Schuljahr war noch gar nicht so alt, als ein 15jähriger Schüler im Französischunterricht – noch dazu auf der ersten Bank – einer Fremdbeschäftigung nachging. Weil uns Lehrern Geduld immer gut ansteht, ließ ich ihn gewähren. Nach etwa 15 Minuten packte mich doch die Neugierde und ich ging der Ursache der Untergrundarbeit auf die Spur. Warum der Unterrichtsteilnehmer durch meine lästige Störung errötete, wurde mir sofort klar, als ich ihm ein Zeichenblatt abverlangte, auf dem seine augenblicklichen oder entwicklungsbedingten Lebensziele schwarz auf weiß standen. Es war zu lesen: Sex, beer and anarchy is all we need in Germany! Ihn vor der Klasse blamieren, das wollte ich nicht. Zum Glück fiel mir die wahrhaft künstlerische, fast jugendstilartige Gestaltung des Blattes auf und so lobte ich ihn ob seiner Leistung. So ganz nebenbei habe ich das Talent eines Schülers entdeckt, das mir sonst verborgen geblieben wäre. Auch auf diesem Hintergrund lese ich ein altbekanntes Gleichnis Jesu:

**„Ein Mensch zog über Land, rief seine Knechte und teilte ihnen seine Güter aus.
Einem gab er fünf Zentner, dem andern zwei, dem dritten einen, einem jeden nach seinem Vermögen und zog bald hinweg.
Da ging der hin, der fünf Zentner empfangen hatte, und handelt mit ihnen und gewann weitere fünf Zentner.
Desgleichen, der zwei Zentner empfangen hatte, gewann auch zwei weitere.
Der aber nur einen Zentner empfangen hatte, ging hin und machte eine Grube in die Erde und verbarg das Geld seines Herrn.
Über eine lange Zeit kam der Herr dieser Knechte und hielt Rechenschaft mit ihnen.
Da trat herzu, der fünf Zentner empfangen hatte, und legte weiter fünf Zentner dazu und sprach: „Herr, du hast mir fünf Zentner zugeteilt. Siehe da, ich habe damit weitere fünf Zentner gewonnen".
Da sprach sein Herr zu ihm: „Ei, du frommer und getreuer Knecht, du bist über wenigem getreu gewesen, ich will dich über viel setzen: Gehe ein zu deines Herrn Freude!"
Da trat auch herzu, der zwei Zentner empfangen hatte, und sprach: „Herr, du hast mir zwei Zentner zugeteilt; siehe da, ich habe mit ihnen zwei weitere gewonnen."
Sein Herr sprach zu ihm: „Ei, du frommer und getreuer Knecht, du bist über wenigem getreu gewesen, ich will dich über viel setzen; gehe ein zu deines Herrn Freude!"
Da trat auch herzu, der nur einen Zentner empfangen hatte, und sprach: „Herr, ich wusste, dass du ein harter Mann bist: du schneidest, wo du nicht gesät hast, und sammelst, wo du nicht gestreut hast. Ich fürchtete mich, ging hin und verbarg deinen Zentner in die Erde. Siehe, da hast du das Deine!"**

Sein Herr aber antwortete und sprach zu ihm: „Du Tor und fauler Knecht! Wusstest du, dass ich schneide, wo ich nicht gesät habe, und sammle, wo ich nicht gestreut habe? So solltest du mein Geld zu den Wechslern getan haben, und wenn ich gekommen wäre, hätte ich das Meine zu mir genommen mit Zinsen. Darum nehmt von ihm den Zentner und gebt es dem, der zehn Zentner hat. Denn wer da hat, dem wird gegeben werden, und er wird die Fülle haben; wer aber nicht hat, dem wird auch das, was er hat, genommen werden."

Beim ersten Hinhören kommt uns die Situation überschaubar und auch vertraut vor: Zwei Knechte verdoppeln in der Abwesenheit ihres Herrn die anvertrauten Talente – Luther wählt an dieser Stelle die Übersetzung mit „Zentner" -, sie werden belohnt. Der dritte geht auf Nummer sicher, vergräbt sein Talent und erfährt geharnischten Tadel.

Fleiß und Leistung werden honoriert, Faulheit und Trägheit gerügt und angeprangert! So gesehen ist es nur ein kleiner Schritt zur bequemen Schwarz-Weißmalerei, auch in den Räumen, in denen sich Lehrer und Schüler begegnen. Abgesehen von der Feststellung von Leistungen kann es dann im zwischenmenschlichen Bereich zu Kurzcharakteristiken und flachen Vorurteilen kommen. Dabei können Lehrer einigermaßen gelassen hinnehmen, von Schülern als „Gruftis" oder „Kompostis" apostrophiert zu werden, denn über ein Kleines werden auch Frischlinge zu „Runzellinis". Bedenklicher sind schon die Unfreundlichkeiten und lieblosen Reaktionen, die wir im Kontext des Lehrens und miteinander Lernens uns gegenseitig vor die Füße oder in die Waagschale werfen, wie das Wort „Talent" im Griechischen ursprünglich meint. Ich kann verstehen, wenn mancher Lehrer mit seinen pädagogischen Talenten am Ende ist und frustriert Taktlosigkeiten hinunterschluckt, denn offensichtlich dürfen nur Schüler, d.h. Abiturienten ihren Frust bei einem Autocorso durch die Stadt hinweghupen – und zumindest Journalisten regionaler Zeitungen haben dafür großes Verständnis. Als wenn der Frust nur von Lehrern ausginge! Gegenbeispiele liegen zur Genüge auf der Hand: so kommentiert ein

Fünftklässler die Ermahnung seines Lehrers, er möge endlich das Schwätzen einstellen, mit dem logisch nicht gerade zwingenden Satz: „Was kann ich denn dafür?“ Mehrere Neuntklässler eilen nach einer gutgemeinten Diskussionseröffnung über ein ethisches Problem sehr schnell zum Schluss der Debatte mit der unpräzisen Antwort: „Das kommt darauf an!“ und meinen damit eigentlich: „Lass mich in Ruhe!“ Ein Elftklässler lässt im Flur unserer Bildungseinrichtung folgendes Urteil, hörbar für viele Umstehende, wie einen Pflasterstein fallen: „Dieser Lehrer ist eine Flasche, bei dem lernt man rein gar nichts!“

Das alte Adam- und Eva-Versteckspiel aus dem Paradies setzt sich in unzähligen und banalen Schattierungen bis heute fort. Wen nimmt es wunder, wenn die Lehrkraft Kräfteverschleiß anmeldet.

Noch schlimmer fällt ins Gewicht, dass wir uns im Hinblick auf Taktgefühl und Achtsamkeit einiges schuldig bleiben. Worte wie „danke“, „bitte“ oder „Entschuldigung“ haben Seltenheitswertswert angenommen, hoffentlich werden sie im Wörterbuch der deutschen Sprache nicht eines Tages als veraltet markiert. Etwas konsterniert fragt man sich, wo denn die Eltern bei diesem Erziehungsprozess bleiben oder mitwirkend eingreifen. Um ein letztes Beispiel anzuführen: Eine frischgebackene Abiturientin kam vor einigen Tagen ins Sekretariat und sagte – passend zu unserer egoistischen Gesellschaft, die offensichtlich aus lauter „Kriegern“ besteht: „Ich kriege die Abschrift meines Abiturzeugnisses!“ Zum Glück übersetzte ein anwesender Erwachsener das gröblich vorgebrachte Anliegen auf die Ebene selten gewordener Höflichkeit: „Sie meinen wohl: Hätten Sie die Freundlichkeit, mir eine Abschrift des Abiturzeugnisses anzufertigen?“

Aber auch dies ist Realität: Lehrer können mit ihrer Launenhaftigkeit und beißender Ironie zur Vergiftung des Betriebsklimas beitragen. Ein verweigerter Gruß, versteckte Häme, kleinliches Kompetenzgerangel, auch üble Nachrede schleichen im Lehrerzimmer und Klassenzimmern herum, kurz gesagt: wenig

Offenheit und Kollegialität. Es stimmt schon: von Jahr zu Jahr bröckeln Talente ab – man könnte auch „Werte" dafür einsetzen -, die wir zur freudigen Ausübung unseres Berufes bitter nötig hätten! Wir sind gar nicht mehr so weit von der Definition eines Lehrers entfernt, die mir vor Jahren eine Schülerin in der Normandie anbot: „c'est une existence minable!" – eine erbärmliche Kreatur, wobei sie vordergründig nur auf dessen geringes Einkommen abhob.

Sicherlich – manche Worte aus dem Mund eines Pädagogen können, oft ungeahnt, wie Keulenschläge wirken. Ein gesetzter junger Mann, der heuer sein Studium mit einem glänzenden Examen abgeschlossen hat, sagte mir bei einem kürzlichen Besuch, dass er als mäßiger Schüler der 9. Klasse lange Zeit mit dem Gedanken gespielt habe, seinem jungen Leben ein Ende zu setzen. Der Klassenleiter hat seine wenigen Signale nach außen nicht erkannt und seine geistige Abwesenheit frühmorgens als Trägheit interpretiert. Sein augenblicklich leicht hingesagtes „Ruhe sanft" hätte in der damaligen seelischen Stimmung des Schülers verheerende Folgen haben können.

Genug der Schwarz-Weißmalerei. Wie kann uns das gehörte Gleichnis dazu verhelfen, hellere Farben in unseren schulischen Alltag zu bringen? Wir müssen dazu noch einmal genauer in den Text hineinhören. Es geht weiß Gott nicht um die ungleiche Verteilung von Talenten weder im Gleichnis noch im Leben, denn auch eine Gemeinschaft mit lauter Gleichbegabten könnte auf die Dauer ebenso langweilig werden. Nein, wir haben zur Kenntnis zu nehmen, dass auch der Geringste oder Benachteiligste im Gleichnis noch eine Geldsumme im Gegenwert – so hat man nachgerechnet – von 10.000 Denaren erhielt. Diese Summe entspricht nach den Maßstäben zur Zeit Jesu dem dreißigfachen Jahresverdienst eines Taglöhners. Auch dass er sein Talent vergräbt, ist eigentlich nicht zu beanstanden, denn eine Grube als Versteck auszuheben ist weit schwerer als der Gang zur Bank. Katastrophal wird die Situation erst dadurch, dass er schon im Voraus genau zu wissen meinte, wie der Herr im Gleichnis bei seiner Rückkehr reagieren wird. Er will sich daher vorab rechtfertigen, d.h. verteidigen, dass er gar nicht den Versuch auf sich genommen hat, sein anvertrautes Talent zur Geltung zu bringen. Was ihm fehlt ist jede Spur von Selbstkritik. Es ist ja genug, dass er mit seinen Talenten nicht pokern will. Die allzu stark aufgetragene Selbstgerechtigkeit ist die Krankheit, die das allein von Gott zu beurteilende Leben vergiftet, weil sie Fehler und Verfehlungen nur beim andern sucht.

Bedenken wir den großen Rahmen, in dem Jesus dieses Gleichnis erzählt, dann werden wir einmal im Gericht bei Gott gefragt, wie wir mit unseren Talenten in unserer kostbaren, weil bemessenen Lebenszeit umgegangen sind. Haben wir die uns ganz unterschiedlich zugeteilten Talente liegen, vielleicht verkümmern lassen oder haben wir sie in die Waagschale gelegt und – im Idealfall auch für andere – zum Einsatz gebracht? Wer wollte hier mit Gott streiten, mit Blick auf den sich benachteiligt fühlenden Knecht etwa so: Was kann ich dafür, dass du mir nicht so viele Talente wie den anderen in die Wiege gelegt hast? Wenn ich recht sehe, kommt die Beurteilung menschlichen Lebens im Neuen Testament immer dann schlecht weg, wenn sich Menschen zu Richtern aufspielen, die mit anderen gnadenlos, mit sich selbst aber barmherzig umgehen. Nein, jeder von uns hat eine Menge Talente zugeteilt bekommen. Es wird Zeit, dass wir sie uns gegenseitig ausgraben und fruchtbar machen.

Was könnte dies austragen für unsere alltägliche Lebensgemeinschaft, damit auch für unser Schulleben, das wir im September wieder aufnehmen? Wir könnten klein anfangen, uns gegenseitig auf die Suche machen, wo unsere Mitschüler oder Kollegen ihre besonderen Talente haben. Und diese Talente können ganz unschulische Fähigkeiten sein. So ist es schon ein hoffnungsvolles Zeichen, wenn ein schachspielender Lehrer das gleiche Hobby bei einem Schüler entdeckt und ihn daraufhin zu einer Schachpartie einlädt. Es könnte ja sein, dass sich daraus Gespräche ergeben, die ein tieferes Kennenlernen ermöglichen. Vielleicht sollten wir uns einfach mehr danach befragen, was uns begeistert, welche großen Fragen der Menschheit oder welche

Gegenwartsprobleme der Gesellschaft uns umtreiben, womit wir uns in der Freizeit beschäftigen. So manches Talent könnten wir dabei bei andern erahnen oder entdecken.

Einer meiner Freunde, er ist kein Lehrer, schon gar kein Pfarrer, hat sich angewöhnt, wenn er Zeuge eines etwas lieblosen Zwiegesprächs über einen abwesenden Dritten wird, den Störenfried zu spielen. Er sagt dann etwa – soweit er im Einzelfall intuitiv reagiert: „Ihr könnt über ihn sagen, was ihr wollte, aber X spielt hervorragend Klavier!“ Ein Schüler der Mittelstufe fragt seinen Klassenleiter nach dem Unterricht, was er von einem aus dem Rollstuhl heraus unterrichtenden Lehrer halte. Darauf antwortete der Angesprochene in aller Seelenruhe: „ Dazu könnte ich erst dann ein Urteil abgeben, wenn ich selbst im Rollstuhl sitzen würde“. Nicht über den anderen vorschnell urteilen, sondern vom andern her denken, sich in ihn hineindenken. Welch ein Talent, das wir alle spätestens im September gegenseitig einüben könnten!

Gott sei Dank gibt es auch in dieser Richtung mutmachende Beispiele im abgelaufenen Schuljahr – kleine Gesten mit großen Wirkungen. So denke ich an eine Lehrerin, die sich in einem aufmunternden Kurzkommentar am Schluss einer Schulaufgabe mitfreut, dass auf eine ungenügende Leistung nun eine ausreichende folgte: „Welch ein Fortschritt! Ich gratuliere Dir!“ war zu lesen. Mehrere Lehrer bemühen sich in einer Konferenz um einen Schüler in der Art, dass sie eine abweisende Empfehlung – wie im Gleichnis vom verdorrten Feigenbaum – auf ein weiteres Jahr vertagen. Wer wollte jetzt noch sagen: Lehrer sind alle Sarkasten!

Vielleicht wäre schon viel geholfen, wenn wir uns die goldene Regel Jesu wenigstens ein Stück weit zu eigen machen könnten: Was ihr wollt, dass euch die Leute tun, das tut ihnen auch! Und wir können uns hier getrost als Schülerinnen/Schüler und Lehrerinnen/Lehrer einsetzen. Also: ein wenig Rücksicht üben, achtsam sein. Das kann bei den Glastüren in den Gängen unserer Gemeinschaftsräume beginnen, gut hinhören und - warum nicht aus dem

Mund eines Lehrers? – eine schlichte Entschuldigung für einen falschen Zungenschlag.

Der Möglichkeiten, Talente zu wecken oder neu zu entdecken sind gar viele. Wer sich aufmacht, Talente bei einem andern zu suchen, begibt sich auf die Spur unseres Vorbildes Jesus. Dies ist dann die Kehrseite einer leider banal gewordenen Grundhaltung, nach der so vieles als selbstverständlich in unserem Leben gilt. Nein, nichts, aber auch gar nichts ist selbstverständlich! Unser aller Leben ist von Gott her Talent genug, dass es mit Dankbarkeit gegen den Schöpfer gepflegt und gefördert wird.

Im Sinne Jesu wünsche ich meinem kunstbegabten Schüler, den ich eingangs zitiert habe, dass er über die Ferien hinweg in den September hinein ein anderes Lebensmotto rettet: „all we need is patience and mutual comprehension" – was wir brauchen ist Geduld und gegenseitiges Verständnis. Uns allen wünsche ich gesegnete und erholsame Ferien unter dem Schutz Gottes.

Amen.

1. Samuel 2,6

Gottesdienst zur Verabschiedung der Abiturienten, 28. Juni 2002

Marienkirche/ Pegnitz

<u>Gebet</u>

Herr, unser Gott, es ist die reine Dankbarkeit, die uns heute in Dein Haus führt. Wir freuen uns als Eltern, Verwandte und Lehrer, dass die uns anvertrauten jungen Menschen heute ihre Schulzeit beenden können. Wir bitten Dich in dieser Stunde: Gib uns Deine frohmachende Botschaft so, dass sie Mut macht, der noch ungewissen Zukunft gelassen, eben in Deinem Sinne entgegenzugehen, durch unsern Herrn Jesus Christus, der mit Dir und dem Heiligen Geist lebt und unser Leben bereichert in alle Ewigkeit. Amen.

Liebe Schulgemeinde!

Eine ganz eigenartige Stimmung liegt über dieser Stunde. Mit dem heutigen Tag werden Sie aus Ihrer Schulzeit verabschiedet, die sich mindestens neun Jahre mit dem Gymnasium am Pädagogenhügel und mit Menschen verbindet, die Sie als Ihre Lehrerinnen und Lehrer angenommen oder wenigstens hingenommen haben. Als „Abituri" oder „Abiturae" – also Menschen, die weggehen werden, spricht Sie der lateinische Begriff an. Dabei sind Sie eigentlich schon abgegangen, nach dem Stress der Abiturvorbereitung und den Prüfungen hat sich das seit Februar spürbare Verlangen nach Abkehr von diesem Ort des Lehrens und Lernens intensiviert. Und doch setzt für manche gerade in den letzten Wochen der Umkehrprozess ein, gewürzt mit einer Prise Wehmut. Ihre Wege gehen zumindest für die kommenden Wochen und Monate ins Ungewisse. Völlig neue Erfahrungen und Begegnungen werden auf Sie einstürmen, die führende Hand der Pädagogen wird Ihnen kurzzeitig sehr fehlen.

Grund genug, am heutigen Tag als Endpunkt eines Lebensabschnittes innezuhalten, um dem Dank sein Vorrecht zu lassen. Dieser Dank gilt zunächst Ihren Eltern für alles Umsorgen und Mitsorgen, für wohlwollende Begleitung,

aufmunternde Worte und auch stille Fürbitte. Vielleicht können Sie all das Gute, das Sie in den Jahren Ihres ersten großen Lebensabschnittes von Eltern und Verwandten empfangen haben erst richtig einordnen und erkennen, wenn Sie in fünf oder zehn Jahren selbst Verantwortung in einer neuen Lebensgemeinschaft übernehmen.
Inwieweit Sie bei Ihrer persönlichen Bilanz über die letzten neun Jahre in den Dank den einen oder andern Lehrer oder Lehrerin einbeziehen möchten, bleibt Ihnen überlassen. Bei nicht wenigen Lehrern hat sich der im Mittelalter geläufige Spruch: „Dank altert schnell!“ inzwischen, und dies ist nicht einmal ironisch gemeint, in der Erkenntnis verdichtet, dass der Dank zu einer Karteileiche geworden ist. Als Angehörige einer Gesellschaft, in der die Worte „bitte“ und „danke“ zu Fremdwörtern geworden sind, haben wir es vielleicht manchmal versäumt, einander den Respekt zu gönnen, der eigentlich zur unverwechselbaren Persönlichkeit eines jeden von uns – Lehrer und Schüler – gehört. Mag sein, dass wir vor lauter Lehrplanerfüllung und Wissensvermittlung Schutzzäune gegeneinander aufgerichtet haben, um nicht schutzlos unsere Unzulänglichkeiten und Schwächen preiszugeben. Oder doch positiv gewendet: Vielleicht haben wir zu wenig in aller Offenheit davon gesprochen, aus welchen Quellen wir Kraft schöpfen, wenn wir im Auf und Ab, in den Höhen und Tiefen, die unweigerlich zu jedem menschlichen Leben dazugehören, an Grenzen stoßen.
In diesen größeren Lebensrahmen gehört vor allem der Dank gegen Gott, den Schöpfer und Bewahrer unseres Lebens, denn angesichts der kolossalen Bedrohungen und Angriffe auf das Leben entwickeln wir langsam wieder ein Gespür dafür, dass nichts selbstverständlich ist – schon gar nicht unser höchstes Gut: die Gesundheit.
Es wäre zu schade, diesen Gottesdienst auf ein blankes Aufrechnen und Abrechnen hinauslaufen zu lassen über das, was wir einander schuldig geblieben sind in unserer alltäglichen Schulgemeinschaft der letzten Jahre. Auch die

Diskussion über den rapiden Werteverfall in unserer Gesellschaft mag an anderen Orten geführt werden.
Zu bedenken ist, wie wir über diesen Tag hinaus in unseren biblischen Text hineinkommen. Wir sind eigentlich die ganze Zeit schon darin, wenn auch die Situation im ersten Buch Samuel vordergründig überhaupt nicht mit unserer Feierstimmung zusammenpasst – oder im Hinblick auf die kommenden Jahre vielleicht doch?
Die Rede ist von einer bescheidenen, unauffälligen Frau mit Namen Hannah, die jahrelang unter Demütigungen zu leiden hatte. Ihr ganzer Lebensentwurf drohte zu zerbrechen und sie selbst unter der Last von Enttäuschungen und Verzweiflungen.
Dieser Lebensentwurf war vor über 3000 Jahren von einem einzigen großen Wert bestimmt, wie dies damals für israelitische Frauen galt: ihrem Mann möglichst viele Kinder, vor allem Söhne, zu gebären. Die Erfüllung dieses vorgeprägten Lebensentwurfes blieb ihr volle neun Jahre verwehrt, weil sie unfruchtbar geblieben war. Obendrein hatte sie Spott und Hohn der damals legitimen Nebenfrau ihres Mannes Elkana zu erdulden. In dieser tiefen Lebenskrise hätte sich Hannah am liebsten verkrochen, ganz hinten in einer dunklen Höhle. Ja, es muss die Hölle für sie gewesen sein!
Völlig unverhofft erfolgte die große Wende. Als sie gegen alle Erwartung nach so vielen Jahren einen Sohn zur Welt brachte, war aller Kummer mit einem Schlag Vergangenheit. Aus Depression wurde neues Selbstwertgefühl, aus Hoffnungslosigkeit frohe Zuversicht. Diese Wende verdichtete sich in der Namensgebung des langersehnten Sohnes: Samuel, d.h. Gott hat mich erhört! Und in dem befreienden Ausspruch, der zu einem tragenden Lebensmotto wurde: „Gott führt in die Hölle und wieder heraus!“ In einer ganzen Reihe von Bildern stimmt sie einen Lobpreis auf Gott an – ein Lobpreis, der die Umwandlung von Schwäche in Stärke, von Armut in Reichtum, von Mutlosigkeit in neue Lebensfreude in den hellsten Tönen zum Klingen bringt.

Dabei ist ihr rückblickend aufgegangen, wie sehr sie in ihrer Notlage von Menschen getragen wurde. Da ist der besorgte Ehemann, der zu ihr hielt und den von der Nebenfrau gesuchten Verdrängungswettbewerb überging. Ein Priester, der nicht müde wurde, in fürbittendem Gedenken Gott mit dem Anliegen seiner Hannah zu bestürmen. Kein Wort der Abrechnung mit der überheblich wirkenden Nebenfrau!

Was tragen die Lebenserfahrungen dieser Frau für Ihr eigenes Leben aus, das in einigen Wochen und Monaten zunächst ins Ungewisse führt?

Zum einen: Hüten Sie sich im Blick zurück auf Ihre beendete Schulzeit vor giftigen Abrechnungen und böswilligen Unterstellungen, die nicht ohne Vorurteile abgehen. Wohl keiner von Ihnen wird ernsthaft behaupten wollen, dass Ihre Schulzeit die „Hölle" gewesen ist. Wohl kaum werden Sie die Charakteristik von Lehrern als hinterhältigen Sadisten unterschreiben wollen, wie sie Bertold Brecht in seinem posthum herausgegeben „Flüchtlingsgesprächen" geboten hat. Im historischen Abstand gesehen würde Brecht sicherlich heute einräumen, dass auch seine eigenen Lehrer schreckliche Kriegserlebnisse zu verarbeiten hatten.

Außerdem gilt zeitlos: Jeder Lehrer, jede Lehrerin trägt bis ins hohe Alter den Schüler, die Schülerin mit sich herum, der er und sie einmal gewesen ist. Mehr als Sie ahnen, haben Lehrerinnen und Lehrer in diesen Jahren manchmal um Sie gerungen, nicht nur um Punkte, denn der Wert eines menschlichen Lebens lässt sich nicht auf Punkte reduzieren – schon gar nicht im Aufblick zu Gott! Ein Vorschlag: Sollten sich negative Bilder bei Ihnen festgesetzt haben – die positiven werden sich von selbst mit der Zeit verklären – so suchen Sie das Gespräch mit der Lehrerin oder dem Lehrer, von dem Sie sich jetzt noch ungerecht behandelt fühlen. Sollte dies für Sie keine Möglichkeit sein, so legen Sie Ihren Groll vor diesem Altar ab und lassen mit dem heutigen Tag Vergangenes ruhen.

Zum zweiten: Sie werden in den kommenden Monaten und Jahren an den entscheidenden Weichenstellungen Ihres persönlichen und unverwechselbaren Lebens ganz andere Werte als Hannah verfolgen und sich bewusst über ganz andere Werte definieren wollen. Hoffentlich orientieren Sie sich nicht einseitig an dem unsere Gesellschaft vergiftenden Wertbazillus Geld. Geld ist kein Wert, sondern ein Tauschmittel – der Chemiker würde sagen: ein Katalysator – für andere Werte. Wenn Sie Arzt/Ärztin. Jurist/Juristin oder Manager/Managerin werden, so lassen Sie Ihre Persönlichkeit zur Entfaltung kommen, die sich nicht hinter einem Rezeptblock, Paragraphen oder Konditionen verschanzt. Bringen Sie Ihre fachlichen Kompetenzen ins Gewicht, vergessen Sie dabei aber nicht, was meistens im Berufsleben zu kurz kommt: nämlich an der Kompetenz im fördernden Umgang mit Menschen zu arbeiten! Es gibt nichts Faszinierenderes als Menschen in Selbstdistanz und Gelassenheit zu studieren! Ehrgeiz gehört zum Leben, gewiss, aber fahren Sie die Ellbogen bei eigenem Streben dabei nicht zu weit aus. Es gibt auch einen Ehrgeiz, der einsam und krank machen kann!

Zum dritten, und wohl am wichtigsten: Keiner von uns lebt für sich allein! Wir wissen nicht, welche Höhen und Tiefen, welche Umwege und eventuelle Rückschläge Ihr persönliches Leben bereithalten wird. Das ist auch gut so! Manches wird gelingen, manches wird sich als Fehlentscheidung herausstellen. Das gehört zu unser aller Leben dazu, weil der steile Aufstieg, der die Höhe auch auf Dauer halten kann, selten und manchmal auch ganz schön langweilig ist. Je bewusster Sie die krummen Linien mitgehen, umso deutlicher werden Sie wie Hannah erfahren, dass Ihnen ungeahnte Kräfte zuwachsen: Gott führt in die Hölle und wieder heraus! Der mitgehende Gott ist in seinem Sohn Jesus nicht zuletzt deswegen Mensch geworden, damit wir mit unseren je eigenen Fähigkeiten und Möglichkeiten zu Mitgestaltern Gottes in dieser Welt heranreifen – damit diese Welt durch uns menschlicher wird.

Am Tag Ihres Übergangs in eine neue Lebensphase, ihres Abgangs von der Schulbühne sei Ihnen das Bild eines vorbildlichen Lehrers mitgegeben, den Martin Luther – im frustrierenden Rückblick auf seine eigene harte Schulzeit mit großer Begeisterung als wohltuende Ausnahme zitierte. Es war ein Lateinlehrer, der vor jeder ersten Schulstunde den Hut vor den ihm anvertrauten Schülern zog. Befragt, warum er dies tue, sagte er kurz und bündig: „Ich weiß nicht, wer von Ihnen einmal weit mehr als ich selbst sein wird!"
Dass dies für Ihre Zukunft gelten möge, wünsche ich Ihnen allen von Herzen. Noch mehr wünschen wir Ihnen als Lehrer und Eltern Gottes Segen zu einer interessanten Lebensreise in göttlicher Gelassenheit und Freude, in Hoffnung und großer Zuversicht, weil über allem steht: „Gott führt in die Hölle und wieder heraus!" Amen.

Schlussgebet

Herr, unser Gott, wir haben uns von Dir auch in dieser Stunde sagen lassen, dass Du ein wohlwollender Begleiter unseres Lebens sein und bleiben willst. Dass Höhen und Tiefen, die zu unserem unverwechselbaren Leben gehören, nicht von Dir trennen müssen. So wagen wir es, Dich am Übergang in einen neuen Lebensabschnitt zu bitten:
Schenke Mut und Zuversicht für die neuen Schritte unserer Abiturientinnen und Abiturienten, Wissbegierde und Endeckerfreude, neue Gemeinschaften, die tragen, wache Sinne, dass sie ihren Platz in dieser Gesellschaft finden, ohne dem Egoismus allzu verbissen nachjagen zu müssen. Befähige Du diese wunderbaren Menschen, andere in Deinem Sinne anzunehmen, so wie sie sind und so, wie Du uns gelten lässt. Hochmut, Eitelkeit und Selbstüberschätzung weise in die Schranken. Fördere vielmehr die Einsicht, dass sie ihre je eigenen Fähigkeiten auch für den selbstlosen Dienst an Benachteiligten einsetzen. Den Ängstlichen gib Rückendeckung, den allzu Selbstbewussten zeige Wege und Möglichkeiten, die sie vor Selbstgerechtigkeit und Hochmut bewahren.
Den Eltern und Verwandten erhalte die Freude und das kleine Glück, die Zukunft ihrer Kinder lange begleiten zu dürfen. Offenheit, Achtsamkeit und Freude erhalte den Lehrerinnen und Lehrern in der alltäglichen Schulgemeinschaft. Über allem aber schreibe uns ins Tagebuch des Lebens: Wir sind Bettler vor Dir, angewiesen auf Dein Wohlwollen und Deinen Schutz. Amen.

1. Kor. 13, 1

Glocken – Der Ruf Gottes (Eine kurze Betrachtung)

„[...] und hätte der Liebe nicht, so wäre ich ein tönendes Erz oder eine klingende Schelle"
(1. Kor. 13,1)

Das Wort für Glocke suchen wir vergebens in der Heiligen Schrift. Das kann auch nicht anders sein, weil Glocken erst spät in christlicher Zeit in Europa heimisch geworden sind, der Guss großer Glocken gar erst ab dem 13. Jahrhundert nachgewiesen ist. Aus dem Altirischen leitet sich daher auch das Wort ab, das die bei Paulus bekannte Bezeichnung „Schelle" ablöste.

Es leuchtet beim ersten Lesen nicht recht ein, warum beim Apostel die Schelle so negativ und schräg klingt. Die Schelle, mit der vom Gemeindediener amtliche Bekanntmachungen in den fränkischen Dörfern unserer Jugendzeit abgekündigt worden sind, konnte doch einen durchaus wohltuenden Klang haben. Verständlich wird das von Paulus verwendete Bild erst im Zusammenhang. Er meint am Beginn dieses berühmten Kapitels aus dem 1. Korintherbrief, dass unserem Reden, unserem Predigen von Christus jede Überzeugungskraft fehlt, wenn die Botschafter des Evangeliums nicht von der Liebe Gottes zu den Menschen beseelt sind. Dann bleiben sie flach und wirkungslos, ohne Ausstrahlung und halten die Menschen von Gott fern, wie die lärmenden und scheppernden Schellen in den heidnischen Kulten die bösen Geister abwehren sollten. Es stimmt schon: man muss Menschen vorbehaltlos mögen, will man bei ihnen etwas ausrichten, d.h. sie auf Gott aufmerksam machen.

Dass gerade die Benediktinerklöster seit dem 9. Jahrhundert für die Ausbreitung der Glocken in Europa sorgten, hängt mit dem Grundanliegen des Ordensstifters Benedikt von Nursia zusammen: einen sinnvollen Ausgleich zwischen körperlicher Arbeit und Dienst an Gott zu finden („Bete und arbeite!"). Die Glocke rief und will bis heute zum Gebet und Lobpreis Gottes rufen. Über lange Jahre hat die Glocke, als sie noch nicht von den vielfältigen Geräuschen in den

Städten Konkurrenz bekam, auch das Signal für eine sinnvolle Struktur in unserem Alltag gegeben.

Der harmonische Zusammenklang mehrerer Glocken besonders am Sonntag will das Rufen Gottes verstärken, den Weg in sein Haus des Trostes und des Friedens zu suchen. Für Christen sind Glocken darüber hinaus verlässliche Lebensbegleiter von der Taufe bis zum Ende dieses irdischen Lebens und klingen hinüber in die Ewigkeit Gottes. Jede einzelne Glocke mit ihrem Grundton wie ihren Obertönen steht beharrlich und immer wieder neu für die uns allen geltende Einladung, unseren Alltag zu unterbrechen, Gott zu danken und unser Leben unter seinen Schutz zu stellen.

[Gekürzte Fassung in: Kirchenbote der Evang.-Luth. Kirchengemeinde Pegnitz, Oktober 2001, S. 3]

Kol. 3, 12-15

Trauung von Martina und Michael, 19. Juli 1997

St. Jakobus/ Creußen

Begrüßung

Unser Anfang geschehe im Namen Gottes des Vaters und des Sohnes und des Hl. Geistes. Amen.

„In allen Dingen lasst eure Bitten im Gebet und Flehen mit Danksagung vor Gott kund werden“ (Phil. 4,6)

Liebe Martina, lieber Michael,

aus reiner Freude und herzlichem Wohlwollen sind wir heute in die Jakobuskirche zu Creußen gekommen, um gemeinsam mit Euch vor Gott den Beginn Eurer Ehe zu feiern. Wir wollen damit die Freude mit Euch teilen, mit der Gott unser Vater uns allen begegnen will. Und dieses Wohlwollen Gottes gilt über diesen Tag hinaus.

Liebe Eltern und Verwandte, liebe Freunde und Gäste,

jeder von uns oder jeder von Ihnen hat bisher ein Stück weit den Lebensweg von Martina und Michael begleitet. Ich möchte Sie und uns alle ermuntern, in diesem Gottesdienst Ihr Wohlwollen für Braut und Bräutigam zu bestärken, damit beide mit unseren Gebeten und unserer Fürbitte ihren gemeinsamen Lebensweg fröhlich aufnehmen.

Ich wünsche uns allen daher einen gesegneten Gottesdienst.

Kunstgeschichtliche Anmerkungen zur Kirche

Aus der Frühgeschichte des Ortes Creußen ist bekannt, dass innerhalb einer Burganlage aus dem 12. Jahrhundert eine dem Spanienapostel Jakobus dem Älteren geweihte Kirche bestand. Nach einer alten Legende soll Jakobus in der Nähe von Santiago von Compostela, seiner späteren Grabstätte, mit seinem Pferd ins Wasser gefallen sein. Nach dem Auftauchen waren Ross und Reiter mit Muscheln bedeckt. Während des ganzen Mittelalters wurde die Muschel zum Symbol der Jakobspilgerschaft und ist es bis heute als Erkennungszeichen des wandernden Gottesvolkes geblieben.

Bei der großen Umgestaltung dieses Gotteshauses im Jahre 1700 wirkte maßgebend der Bayreuther Hofstuckator Bernhard Quadri mit. In seinen Stuckarbeiten an der Langhausdecke verwendet er die Muschel als Gestaltungselement zur Erinnerung an den Spanienapostel und gleichzeitig zur Vergegenwärtigung der Erlösungstat Jesu Christi.

Von dem berühmten Bayreuther Hofbildhauer Elias Räntz stammen u.a. die friedvollen Engelsköpfe an den Säulen entlang der Emporenseiten. Reich verziert sind die Adelslogen auf der Südseite des Langhauses und die Logen für die ehemaligen Ratsherren auf der Nordseite. Die Fresken aus den ersten Jahren des 18. Jahrhunderts stellen vom Chorbogen zur Orgel verlaufend die Himmelfahrt Christi, Jakobs Traum und die Anbetung der Hirten dar.

Im spätgotischen Chor eingebettet versinnbildlicht der barocke Altar in der Predella das Hl. Abendmahl, in der Mittelnische die Kreuzabnahme Jesu mit Mose und Johannes dem Täufer in den Seitennischen, darüber die Gestalt des Kirchenpatrons Jakobus des Älteren. Im Auszug werden die drei christlichen Kardinaltugenden repräsentiert: auf den äußeren Säulenpfosten stehend: Glaube und Hoffnung, auf dem Giebel sitzend die Liebe in Gestalt einer Mutter, die ihr Kind nährt, flankiert von liegenden Engeln mit Leidenswerkzeugen.

Im Chor fällt an der Nordseite ein filigran gearbeitetes spätgotisches Sakramentshäuschen aus der Zeit um 1510 auf. An den Wänden zu beiden Seiten des Altars bemerkenswerte Grabsteine und Epitaphien aus dem 17. Jahrhundert, darunter das Reliefbild für die 1565 verstorbene Ursula von Wirsberg, auf dem sie mit drei Töchtern vor dem Kruzifix kniet.

Unser Leben - eine Pilgerreise auf dem Weg zur Ewigkeit Gottes in der heiteren Begleitung seiner Engel. Daran will uns der Raum dieses Gotteshauses erinnern und in unserer persönlichen Pilgerreise bestärken.

Predigttext

So zieht nun an, als die Auserwählten Gottes, Heiligen und Geliebten, herzliches Erbarmen, Freundlichkeit, Demut, Sanftmut, Geduld;
Und ertrage einer den andern und vergebt euch untereinander, wenn jemand Klage hat gegen den andern; wie Christus euch vergeben hat, so sollt ihr dies auch tun.
Über alles aber zieht an die Liebe, die das Band der Vollkommenheit ist.
Und der Friede Gottes regiere in euren Herzen, zu welchem ihr auch berufen seid in einem Leib.
Und: seid dankbar!

Liebe Martina, lieber Michael,

unser Leben besteht aus Wegkreuzungen. Es wird bestimmt und gewinnt seinen Gehalt durch Begegnungen mit Menschen, die mehr oder weniger oft unseren Weg kreuzen.

Wenn wir heute eure Wegkreuzung, die den Beginn eines gemeinsamen Lebens bezeichnet, in einem Gottesdienst überdenken, so blicken wir mit gutem Grund ein Stück weit in die Vergangenheit zurück. Es ist der Moment des Dankes vor allem für die Menschen, die euch am längsten geprägt haben, eure Eltern, Großeltern und Verwandte, die mit ihrer Fürsorge Zeichen gesetzt haben, dass unser Leben voller Hoffnung ist. So mag dieser Tag selbst eine Wegmarkierung vor Gott sein für die lang bewährte wohlwollende Begleitung eurer Eltern, Dank für die sichtbaren Opfer und die verborgene Fürbitte in der Stille. Dieser Tag will euer Denken freimachen für die großen Erinnerungen an Gottes bisherige Wege mit euch, nicht zuletzt für die erste große Bewährung eurer Gemeinschaft, die Zeit der Vorbereitung auf das Examen, die in altväterlicher Weise von Münchner Oberkirchenräten als „tiefes Tal“ bezeichnet wird. Dazu kommen die kleinen Erinnerungen an die Wegkreuzungen in den vergangenen Jahren: unsere ungetrübten Begegnungen im Unterricht am Pegnitzer Gymnasium, unsere Freundschaft seit einigen Jahren, die über Martina Gott sei Dank den Rahmen kirchengeschichtlicher Fachsimpelei verlassen hat. Die Begegnungen mit unseren gemeinsamen Lehrmeistern Herrn Lienhard und Herrn Rott in Straßburg, die nicht bloß Martin Luther oder Martin Bucer zum Inhalt haben. Beide sind der Einladung zu eurer Hochzeit sehr gern gefolgt und ich darf sie hier sehr herzlich begrüßen. Über euch erneuerten sich Straßburger Freundschaften, die auch für mich dankbare Erinnerungen an meine Studienzeit im wunderschönen Elsass einschließen. Ihr mögt noch an viele andere Wegkreuzungen und geschlossene Freundschaften während der Studienzeit denken.

Wir wollen aber nicht allein in der Vergangenheit hängen blieben, sondern mit euch heute morgen in diesem Gotteshaus bedenken, welche guten Hoffnungen für eine gelingende Gemeinschaft in Jesus Christus ihren Grund haben.

Was können wir euch für eure Ehe mit auf den Weg geben? Klopfen wir bei dem biblischen Text an, so wird uns zunächst leicht schwindelig, weil uns der Rahmen und die Ansprüche, die uns entgegenspringen, zu groß sind. Paulus scheint ja gehörig unrealistisch im ganzen 3. Kapitel des Kolosserbriefes vom alltäglichen Leben zu reden, schon gar nicht hat er die ersten mutigen Schritte für ein Eheleben im Auge zu haben. „Trachtet nach dem was droben ist, nicht nach dem was auf Erden". Und dann die handfesten Ermahnungen, die uns alle in der Nachfolge Jesu betreffen: den alten Menschen sollen wir ablegen, den neuen anziehen und daraufhin herzliches Erbarmen, Freundlichkeit, Demut, Sanftmut und Geduld an den Tag legen. Als wenn dies alles so einfach wäre! Jeder von uns hat seine eigene Geschichte, sein je eigenes Gesetz – wie Goethe meint, nach dem wir antreten. Jeder von uns hat seine eigene Persönlichkeit mit je verschiedenen Möglichkeiten, Fähigkeiten und Widersprüchen. Wir werden ein Leben lang die alten bleiben.

Und: Riecht der fünfgliedrige Anspruch des Paulus nicht nach Selbstaufgabe, verkrampfter Selbstbescheidung und unausgesetzter Rücksichtnahme? Für eine

Ehe könnte dies sogar gefährlich werden. Der eine Ehepartner könnte bald dominieren, weil sich der andere zu viel Demut und Geduld verpflichtet.
Wir müssen Paulus etwas genauer über die Schultern schauen. Was mag er mit Blick auf eure Ehe empfehlen? Unüberhörbar spricht der Apostel davon, dass unser Leben verborgen ist mit Christus. Unser neues Leben ist seit Ostern mit Christus verbunden, aber das Neue in uns ist verborgen und reift in der Stille heran. Wir können auch folgern: unsere je eigene Persönlichkeit ist in Christus verborgen. Ein erster ermutigender Hinweis!
Ihr dürft als zwei verschiedene Persönlichkeiten im Verborgenen und in der Geborgenheit Christi euch einander annehmen und immer neu kennenlernen. Nichts muss so bleiben wie es ist. Jeder Tag ist ein Geschenk und ein Neuanfang. Vieles in unserem Leben, nicht nur die großen Entscheidungen, vollzieht sich im Verborgenen: jede Persönlichkeit ist ein Geheimnis, jeder Ehepartner umschließt einen Ozean von Reichtümern und guten Gaben, die ihr ein Leben lang aneinander entdecken könnt. Die Ermutigung dazu kommt uns von Gott her: unter seiner wohlwollenden Begleitung darf ich vor meinem Ehepartner so sein, wie ich bin, eben auch ein nie ganz auslotbares Geheimnis. Was dies schon heißen kann, ist mir am Beispiel zweier eheerprobter Freunde aufgegangen, die nach einer überzogenen Feier auf dem Nachhauseweg sinnierten, wie wohl ihre Ehefrauen auf die ungewollte Verspätung reagieren würden. Der eine sagte ganz freimütig: Ich weiß es nicht, wie sich meine Frau verhalten wird – der andere wusste es ganz genau. Der eine gestand seiner Partnerin mehrere Möglichkeiten der Reaktion zu, weil er – und dies habe ich dabei gelernt -- kein fertiges Bild seiner Frau hatte.
Welch eine Befreiung! Zwei Menschen dürfen sich in der Ehe begegnen, ohne sich gegenseitig festlegen zu müssen, ohne dass der eine am andern herumschnitzt, ihn nach seinem Bild umformen will oder ihn in Gedanken abhängt. Jeder darf sein, wie er ist. Beide dürfen miteinander schweigen, sich gegenseitig aushalten und in ihrer Liebe zueinander in beständigem Achten auf

Signale fröhliche Kompromisse schließen. Liebe so verstanden, wie Paulus sie auch meint, heißt dann nichts anderes als dies: Wir beide sind uns in unserer Verschiedenheit recht.

Paulus will euch aber noch mehr für den gemeinsamen Lebensweg mitgeben. Eure Ehe lebt zunächst und vor allem nicht von euren Anstrengungen füreinander. Sie darf leben aus der Rückendeckung Gottes, der uns in Jesus Christus ein nie ermüdendes Nachgehen unserer Wege nahe legt.- Leben ist Wegkreuzung. Leben, und damit auch eheliches Leben ist Wegkreuzung unter dem Kreuz. Das will Paulus uns letztendlich klarmachen, weil er bei allen Ansprüchen und Empfehlungen an einen christlich verstandenen Lebenswandel unser Leben nie ohne Beziehung zu der Heilstat Jesu am Kreuz begreift. Unter dem Kreuz Christi darf ich erfahren, dass ich Gott recht bin, nicht nur ich, sondern auch mein Ehepartner. Diese Lebensbasis ist unverfügbares Geschenk. So will nicht Martin Luther oder Martin Bucer die entscheidende Wegkreuzung sein in eurem Leben, sondern Jesus Christus. Darauf lasst eure Ehe gegründet sein, dass am Fuße des Kreuzes, im betenden Durchdenken miteinander jeder Tag ein kostbarer Tag für euch ist. Oder wie Martin Luther es in seinem Traktat „Von ehelichen Leben“ ausgedrückt hat: „Das edelste Werk in der Ehe ist Gottesdienst“. Ein Hinweis auf den, der unser Leben trägt und erhalten will. So beginnt mutig und entschlossen den Weg eurer Ehe, seht einander an mit den Augen Gottes, der Frieden und herzliches Erbarmen in euch und durch euch weitergeben will. Und darauf experimentiert in eurer gegenseitigen Liebe nach Herzenslust und lustvoller Fantasie. Euer gemeinsames Leben wird so ganz gewiss zu einer Wegkreuzung nach dem Vorbild Jesu. Dazu wünschen wir euch, liebe Martina, lieber Michael, in herzlicher Fürbitte als Eltern, Verwandte und Freunde Gottes reichen Segen. Amen.

Ps. 16, 11

Beerdigungsansprache für Georg Zwickl/ Riemerling, 22. Juni 2005

Friedhofkapelle Hohenbrunn bei München

Liebe Frau Zwickl, liebe Angehörige, liebe Trauergemeinde!

Das Wort des Psalmisten fordert eigentlich unseren Widerspruch, ja stillen Protest heraus. Denn der Weg, den Sie von Weihnachten bis zum 28. April mit Ihrem Mann, Ihrem Vater in sorgenvollen Tagen und Nächten gegangen sind, war kein „Weg zum Leben“, sondern ein langsamer, aber doch unaufhaltsamer Weg zum Tod. Im Namen Jesu dürfen wir Ihnen herzlich danken für alle Sorge und Pflege!

Seit dem Tod Ihres Mannes, Ihres Vaters sind Sie auf dem Weg der Trauer, der dann, auf dem Weg zum Grab, den endgültigen irdischen Abschied einschließt.

Unser Trauerweg ist heute vergleichbar mit dem Weg der Frauen, die am Ostermorgen vor fast 2000 Jahren sehen wollten, wo sie den gestorbenen Jesus „hingelegt“ haben. Das Grab als Ort des Abschieds ist nicht nur seit diesem Ostermorgen für uns wichtig als eindeutiger Ort der Erinnerung an den gemeinsamen Lebensweg mit unserem Verstorbenen.

Es ist gut und heilsam, wenn wir von diesem Ort ausgehend die einzelnen Etappen dieses Lebensweges, die fröhlichen wie die sorgenvollen, die Hoch-Zeiten wie die Durststrecken – wie sie eben zu unser aller Leben gehören – bewusst zurückgehen. Denn dann wird umso klarer, was unser Verstorbener Gutes an uns getan hat. Wir können auch sagen: was Gott durch ihn an uns getan hat. Vielleicht wird dann auch deutlich, was wir ihm schuldig geblieben sind.

Auf diesem Weg der nachdenkenden Trauer weiß ich, dass ich meinem väterlichen Freund einen letzten, für Ostern versprochenen Besuch schuldig geblieben bin. Denn: Georg Zwickl gehört unauslöschlich in meine eigene Lebensgeschichte hinein. Als ich im Februar 1974 ans Gymnasium Ottobrunn als Referendar (und nebenbei als Gemeindepraktikant nach Höhenkirchen) kam, hat er mir in seiner jovialen und väterlichen Art – vor allem vor Beginn des

Unterrichts – gezeigt und vorgelebt, wie gelassen man als Lehrer den Weg ins Klassenzimmer antreten kann. Ich bin ihm für seinen Humor und seine Aufmunterungen über seinen Tod hinaus unendlich dankbar, weil ich seine Gelassenheit in fast 30 Berufsjahren am Gymnasium im oberfränkischen Pegnitz weiter einüben konnte. Ganz abgesehen von meinen Erinnerungen an den ersten Brand im Ottobrunner Gymnasium und den daraus folgenden Schwierigkeiten...
Ein gutes Jahr später (Herbst 1975), ich war schon in einem anderen oberbayerischen Ort, hat mich Georg Zwickl in einem Telefonat mit dem Vizechef des dortigen Gymnasiums vor negativer Einschätzung meiner fachlichen Fähigkeiten bewahrt. Ich habe dies erst nachträglich erfahren. Ihr Mann, Ihr Vater, ist mir damals tatsächlich zu einem Christus geworden. Tröstlich für mich, dass ich Georg Zwickl vor einigen Jahren dafür noch Danke sagen konnte.
Dieses Nachdenken über das Leben unseres Verstorbenen und unsere Beziehungen zu ihm gehören zur rückwärts gewandten Seite unseres Trauerweges. Dieses Nachdenken gehört aber auch schon in unser Glaubensleben hinein. Denn Glauben heißt ja auch: hinter jedem Menschen, der uns zum Helfer geworden ist, Gottes Spuren in unserem Leben aufzusuchen.
Du tust mir kund den Weg zum Leben! – Der Psalmist deutet Gott sei Dank noch eine andere, vorwärts gewandte Richtung unseres Trauerweges an, denn sonst blieben unsere Erinnerungen bei der Vergangenheit verhaftet. Der „Weg zum Leben“, wie es im 16. Psalm heißt, lässt uns erahnen, dass jedes Menschenleben über den Tod hinaus ein Geheimnis birgt, auf den Gott zu, der ein Gott der Lebenden und auch der Toten ist und sein will.
Wo ist das Leben geblieben, das vor zwei Monaten noch da war? Es kann nicht verloren sein! Leben geht nicht verloren, es wird gewandelt. Das Leben geht hinüber aus der sichtbaren Welt in die unsichtbare Welt Gottes. Christen nennen dieses Geschehen Auferstehung der Toten. Die Auferstehung der Toten geschieht im Augenblick des Todes. Im katholischen „Gotteslob“ finden wir den

hilfreichen Satz: Im Augenblick des Todes ist das Leben geboren. Darum kann Jesus zu dem Schächer am Kreuz sagen: Heute noch wirst Du mit mir im Paradiese sein. Darum kann auch der Apostel Paulus sagen: Ich habe Lust abzuscheiden und bei Christus zu sein. Allmählich wird uns bewusst, dass der „Weg zum Leben" nicht beim Tod eines geliebten Menschen endet. Das Kreuz des Gottessohnes ist für Christen das unübersehbare Zeichen, dass Krankheit, Leiden und Tod nicht das Letzte, sondern das Vorletzte sind. Das Leben geht hinüber in die Ewigkeit Gottes. Es ist noch ein Sehnsuchtsweg. Aber auf diesem Weg können wir Georg Zwickl begleiten, indem wir ihn ruhig gehen lassen, weil wir ihn der Fürsorge Gottes übergeben und anvertrauen. Wir können für ihn eine Kerze anzünden und vor Gott an ihn denken.

Dieser „Weg zum Leben" ist ein Weg der Verwandlung. Gott verwandelt uns zu sich hin. Der Apostel Paulus versucht diese Verwandlung vorsichtig so zu beschreiben: „Es wird gesät ein natürlicher Leib und wird auferstehen ein geistlicher Leib". Es ist Gott selbst, der diese Verwandlung schafft.

Wer geht mit uns auf diesem Weg? Jesus sagt im 14. Kapitel des Johannes-Evangeliums: „In meines Vaters Haus sind viele Wohnungen. Wenn's nicht so wäre, würde ich dann zu euch sagen: ich gehe hin, euch die Stätte zu bereiten? So will ich wiederkommen und euch zu mir nehmen, damit ihr seid, wo ich bin." Er steht an der Schwelle des Todes. Er will unser Begleiter zu Gott sein. Das ist unsere Zuversicht!

Du tust mir kund den Weg zum Leben", d.h. vorwärts zum ewigen Leben. Das gilt jetzt schon für unseren Verstorbenen, uns aber als Hoffnung in diesem Leben – nun ohne ihn. Ich wünsche Ihnen, liebe Frau Zwickl mit Ihren Angehörigen, in fürbittendem Gedenken, dass diese Hoffnung in den kommenden Wochen und Monaten zur Gewissheit wird. Amen.

3. Mose 19, 33-34

Im Anschluss an einen Italienaufenthalt/Mai 2012 – Nachgedanken

Begegnungen mit dem Wort der Heiligen Schrift können im Alltag ganz schön überraschend sein. Gemeint sind nicht die sprichwörtlichen Wendungen, die in unsere Sprache vor allem durch Luthers Übersetzung Eingang gefunden haben und leicht verstaubt daherkommen, wie z.B. „Wer andern eine Grube gräbt, fällt selbst hinein!“ oder etwa „Stell dein Licht nicht unter den Scheffel!“ Nein! Ich denke hier zuerst an die lesbaren Bibelworte an Häuserfassaden, die an altehrwürdigen Sandstein- oder Fachwerkhäuser eingemeißelt oder eingekerbt worden sind und etwas von der Glaubensüberzeugung oder der Lebenseinstellung des dahinter lebenden Besitzers preisgeben. In Franken zum Beispiel und anderswo, besonders häufig im niedersächsischen Celle, sind sie anzutreffen. Beliebt war in früheren Zeiten besonders das Votum aus Ps. 127,1: „Wo der Herr nicht das Haus baut, so arbeiten umsonst, die daran bauen“.
Kommt man in die italienischen Waldensertäler südwestlich von Turin, nahe an der Grenze zu Frankreich, so wird man in den Städten und Dörfern auf großen Transparenten und Plakaten mit zwei Versen aus dem 3. Buch Mose (Kap. 19, 33-34) überrascht:

Und wenn sich ein Fremder bei dir aufhält in eurem Land, sollst du ihn nicht bedrücken. Wie ein Einheimischer soll euch der Fremde sein, der sich bei euch aufhält. Du sollst ihn lieben wie dich selbst, denn Fremde wart ihr im Lande Ägypten. Ich, JHWE, bin euer Gott.

Noch erstaunlicher: nicht nur über Kirchenportalen, sondern auch an kommunalen Rathäusern fallen sie dem Vorübergehenden auf. Warum in diesem Jahr 2012? Warum in dieser Gegend? Obendrein fragt sich der etwas bibelkundige Leser: Wieso gerade diese Worte aus einem Buch des Alten Testaments, das wegen seiner kultischen und rituellen Anweisungen einem Europäer reichlich fremdartig erscheint.

Der gute Sinn dieser Aktion in den italienischen Waldensertälern, die offensichtlich den Fremden und den Ausländer im Visier hat, erschließt sich auf Rückfrage im Touristenbüro in zweifacher Richtung:
Zum einen haben evangelische und katholische Geistliche mit einem dringenden Appell zu einem menschenfreundlichen Umgang mit den Ausländern aufgerufen, die seit einigen Jahren unter qualvollen Strapazen, ausgelaugt und elend an Leib und Seele, an den Küsten Süditaliens stranden. Kaum einer, der nicht Wochen oder Monate vorher in Nordafrika einem Schlepper ausgeliefert gewesen ist. Eine Welle der Intoleranz und Ausländerfeindlichkeit brach über die Gestrandeten herein. Gott sei Dank setzten verantwortlich Denkende eine Mahnung dagegen und ließen Taten folgen. ***„Wie ein Einheimischer soll euch der Fremde sein**!...“*
Noch einmal mehr wird man als Tourist und Gast bei den Waldensern in Torre Pellice, dem Zentralort für die Pflege waldensischer Tradition und Kultur angenehm überrascht. Unterkunft und Verpflegung übernimmt dort die „foresteria valdese“. Aus der Ferne stellt man sich ein idyllisch gelegenes Forsthaus am Waldesrand, vielleicht hoch über dem Tal, vor. Die Verwunderung bei der Ankunft ist jedoch groß: die „foresteria“ liegt in einer ruhigen Straße unmittelbar neben der Fußgängerzone des Stadtzentrums. Die freundliche Sekretärin an der Rezeption erklärt, dass „foresteria“ nicht das Geringste mit einem Forsthaus zu tun hat. Das Wort leitet sich vom lateinischen „foris“ (draußen, außerhalb) ab. Es handelt sich also um ein Gästehaus für den von draußen, aus der Fremde Kommenden. Und die Nähe zum Stadtzentrum verleiht der „foresteria“ gleichsam symbolischen Charakter: der Fremde wird – wenn auch nur vorübergehend – in die Stadtgemeinschaft aufgenommen – eben nicht ausgegrenzt oder abgeschoben. Die großartige Bewirtung mit wohlschmeckenden Speisen der regionalen Küche wird im Wert noch dadurch gesteigert, wenn der Aufgenommene erfährt, dass bewusst kein Gewinn erzielt

werden soll und eventueller finanzieller Überschuss sofort wieder sozialen und karitativen Einrichtungen und Projekten zugute kommt.

Die Transparente an Kirchen wie Rathäusern und die freundliche Aufnahme im Gästehaus – die konsequent geübte Rückbesinnung auf die kirchliche und religiöse Geschichte der Waldenser und die ethische Umsetzung von Glaubenserfahrungen in der Gegenwart verdeutlichen den inneren Zusammenhang.

Die Armenbewegung ist bereits im 12. Jahrhundert entstanden und geht auf den aus Lyon stammenden Petrus Valdes zurück. In der Begegnung mit der Botschaft Jesu trennte er sich von seinen Reichtümern und wurde Wanderprediger. Über Jahrhunderte hinweg hatten seine Nachahmer Verfolgungen und Flucht zu erleiden. Der Anschluss an die reformierten Anhänger Calvins im 16. Jahrhundert verstärkte noch einmal ihre Drangsal. Zusammen mit den aus Frankreich geflüchteten Hugenotten kamen sie Ende des 17. Jahrhunderts nach Süddeutschland, wo sie bis heute bestehende Gemeinden unter teilweiser Beibehaltung ihrer ursprünglichen Ortsnamen gegründet haben. In Italien waren die Waldenser noch im 20. Jahrhundert politischen Schikanen ausgesetzt.

Gelebte Toleranz in den Waldenserdörfern auf der Grundlage bewusster Erinnerung an die eigene leidvolle Geschichte. Der Fremde soll nicht fremd bleiben, „***denn Fremde wart ihr im Lande Ägypten***" – so heißt es im 3. Buch Mose und die Juden vergegenwärtigen bis heute bei ihren großen religiösen Festen den Exodus unter göttlichem Schutz aus dem Land des pharaonischen Unterdrückers.

Ein anderes Beispiel für unauslöschliche Erinnerung an notvolle Zeiten und glückliche Bewahrung aus der Zeit nach 1945. Als die Sudentendeutschen aus ihrer Heimat vertrieben worden sind, kamen sie auch in unsere fränkischen Dörfer, als Habenichtse misstrauisch beäugt und ganz allgemein abgelehnt. Der Bürgermeister war verpflichtet, die heimatlos Gewordenen im Dorf zu verteilen. Eine Mutter, die sich später im Badischen niedergelassen hatte, kam – abgerissen und erschöpft – mit ihren beiden kleinen Töchtern um die Mittagszeit in ein oberfränkisches Bauerndorf. Die Bäuerin lud mit ihrem kurz vorher aus der russischen Gefangenschaft zurückgekehrten Sohn die „Hereingeschneiten" mit nicht alltäglicher Selbstverständlichkeit zum Mittagessen ein und richtete ein kleines Zimmer für die unbestimmte Bleibe her.

„Und wenn sich ein Fremder bei dir aufhält in eurem Land, sollst du ihn nicht bedrücken", sondern ihn als Gast aufnehmen, ihm das Gastrecht gönnen. Das hebräische Wort hat an dieser Stelle im Alten Testament die Bedeutung von „Schutzbürger". Wer Schutz gewährt, kann nicht zum Ausbeuter werden! Etwas salopp könnte man auch sagen: du sollst deinen „Heimvorteil" nicht eigennützig auskosten.

Wie kann man einem Ausländer unter uns dazu wenigstens ein Stück weit verhelfen, dass er sich nicht völlig heimatlos und entwurzelt in unserem Kulturkreis fühlt? Zunächst eine ganz einfache Feststellung: Wenn ich im Ausland bin, dann bin ich selbst Ausländer. Wenigstens fünf Ausdrücke in der Landessprache sollte ich im Kopf parat haben... „Höflichkeitsformeln" überbrücken gewiss kühle Distanz! Wage ich mit dem Einheimischen einen kurzen Dialog, dann wird es schon schwieriger. Ein freundliches Lächeln, eine kurze Berührung an Arm und Schulter von Seiten meines Gesprächspartners kann mir aus meiner Verlegenheit etwas heraushelfen. Meine holprigen Gehversuche in der Fremdsprache lassen mich an den Afrikaner, Asiaten oder Südamerikaner denken, der sich mit der deutschen Sprache bei uns schwer tut... Ich lasse mich auf ihn ein, spreche langsam und gönne ihm eine einfache, aber korrekte Antwort in meiner Muttersprache.

Der freundliche, auch fröhliche Umgang der Südländer untereinander wirkt ansteckend und setzt Fantasien für die Begegnung mit einem Ausländer bei uns frei. Von jedem Ausländer kann ich etwas für meine eigene Lebensgestaltung lernen. Ich muss mich nur aufmachen, vorschnelles Überlegenheitsgehabe aufzugeben, pauschale Vor-Urteile über bestimmte Volksgruppen aus meinem Hinterkopf zu verbannen (wie gut ist es, wenn ich im Einzelfall schon auf eine positive Erfahrung zurückgreifen kann!) und oberflächliche Vergleiche einfach nicht zuzulassen, deren Ergebnisse schon von Anfang an feststehen: Bei uns ist alles besser...oder schöner...oder geordneter...

***„Du sollst ihn lieben wie dich selbst*!“** Das Liebesgebot, das Jesus in der Bergpredigt aufgegriffen und konsequent vorgelebt hat, ist in diesem Kapitel des 3. Buch Mose verankert, eingebettet in eine Reihe von Empfehlung und Vorschriften, die das Zusammenleben in einer funktionierenden Gemeinschaft regeln wollen. Und der Fremde wie Ausländer soll in dieser Gemeinschaft seinen Platz haben. Ob ich ihn lieben kann wie mich selbst, wird sich nicht von vornherein ergeben, es genügt schon, wenn ich ihm etwas von der Beachtung vermitteln kann, die ich mir selbst von anderen wünsche.

Ein letzter Nachgedanke: Wem das Wort der Heiligen Schrift zur täglichen Seelennahrung geworden ist, weiß, dass er mit allen anderen Menschen „ein Gast auf Erden“ ist, wie der 119. Psalm (v. 19) kundtut und „hier keine bleibende Stadt“ nach dem Hebräerbrief (13, 14) hat. Im Horizont der Ewigkeit bei Gott sind wir allesamt – quer durch alle Völker und Kontinente – vorübergehende Gäste auf dieser Erde.

Im Kontext des 3. Buch Mose gehört das 19. Kapitel zum sog. „Heiligkeitsgesetz“. Das Wort „heilig“ ist vielschichtig, daher schwer zu interpretieren. Der heilige Gott – so kann man sich herantasten – will sich nicht von der unheiligen (profanen) Welt distanzieren, sondern die Menschen als seine Geschöpfe auf ihn hin ausrichten. Für Christen in einer kirchlichen Gemeinschaft kann sich daraus niemals die „Entweltlichung“ der Kirche als Zielvorstellung ergeben, sondern eher die Verpflichtung, sich der Welt, und ganz bestimmt dem Fremden und Ausländer im Auftrag des heiligen Gottes zuzuwenden, damit er unter uns ein wenig seine „verlorene Heimat“ wiederfinden kann. Viele hoffnungsvolle Zeichen offener und vorurteilsfreier Begegnung mit Ausländern geschehen heute um uns herum, der freien Fantasie sind keine Grenzen gesetzt:

„Wie ein Einheimischer soll euch der Fremde sein, der sich bei euch aufhält **[...]** ***Ich, JHWH, bin euer Gott!“***

Printed by Books on Demand GmbH, Norderstedt / Germany